どんとこい労働基準監督署 part3

知って得する民法

河野順一

はしがき

日本に住まう私たちは、日本国憲法で人権が保障されています。中学校の公民の授業で、「日本国憲法では平等権、自由権、社会権、参政権といった基本的人権が保障されています」と、誰もが教えられたはずです。権力が集中しないように、三権分立が行われ、立法・行政・司法のそれぞれが越権行為をしないように、相互ににらみを利かせており、一極集中しないように、うまい具合に権力を分散させています。これは常識です。

しかし、本当にそうでしょうか。日々の生活に忙しい私たち国民は、国や行政のしていることだから正しいだろうと、一言居士の私のように、いちいち確認はしないし、信頼しきっているのではないでしょうか。同時に、日頃、法律に携わる者、すなわち、法曹三者と呼ばれる裁判官、検察官、弁護士や、法学部の大学教授等と呼ばれる人を除いて、そもそも法が正しく運用されているか否かの検証をする術を持っていないのではないでしょうか。そして、いざ、自分の身に不利益が降りかかった際に、何かおかしいと思いながらも、法的に無知であるがゆえに、泣き寝入りすることが多いのではないでしょうか。

さて、この世に私たちの行動を制限するもの、従わなければならないものには二つあります。

それは、「契約」と「法律」です。

契約は、当事者間の約束事であり、法律や公序良俗に反しない限り、何を契約しても自由ですが、その契約を締結した当事者は内容に拘束されます。他方、法律は、法治国家に暮らす国民として、自分の意思によらず、誰もが従わなければなりません。行政が行う様々な行為を担保する法律は、強制力を持つものが含まれています。したがって、行政が正しく法律を運用していなかった場合、国民は、本来従う必要がない行政行為に拘束されることになります。これは、行政の名を借りた人権侵害といえるでしょう。

残念ながら、私のこれまでの経験から、常に行政の活動が正しく機能しているとは評価できません。むしろ、誤った行政解釈が横行したり、現場の判断で恣意的に運用されているケースが散見されます。その結果、不利益をこうむるのは国民の側です。

たとえば、よく、労働基準監督官が会社に対して、「未払い残業代を2年分支払いなさい」ということがあります。しかし、労働基準監督署にこうした権限はあるのでしょうか。

答えはNOです。もちろん、残業をさせた実態があるのならば、支払いはしなければなりませんが、入場と退場を記したタイムカードの打刻時間だけで、残業代の支払義務は発生しません。つまり、たとえタイムカードに午前9時に入場して、午後9時に退場したとの記録があったとしても、それはその間、会社に滞在していた時間であることの証明にはなっても、労働したことの証明にはなりません。同僚と雑談していた時間が含まれていたり、帰宅のためのバスが来る時刻まで、時間つぶしをしていたかもしれません。そうした時間までどうして残業代として会社が支払わなければならないのでしょうか。すこぶる疑問です。

こうした事実を知らなければ、必ずしも支払わなくてもよいものを支払ってしまう羽目になってしまいます。

よって、こうした状況を打破するために、私たちは、法律を味方につけなければなりません。常識である法の体系と、行政がする職務権限を逸脱した行為にいち早く気づくことが肝要であるといえましょう。

次のことわざは、法治国家に暮らす者に対し、大切な示唆を含んでいます。

「法の不知はこれを許さず」

法律を知らなかったとしても、そのことによって、罪を犯す意思がなかったとすることはできない。

「法の下に眠る者を法は救わず」

長期間にわたり権利を放置した者は、他者の利益を守るためにその権利を奪われても仕方がない。

「知ると知らぬは天地の差!」

本書は、法律に明るくない読者の皆様の道標となるよう、なるべく身近な具体例を用い、解説を加えることに心がけました。先に上梓した、『労働基準監督署があなたの会社を狙っている』の、理論編をベースにして、大幅に加筆補正しました。ご自身の権利を守るのは、あなた自身です。本書を片手に、大いに知って得をしてください。

最後に、本書の出版に際して、日本橋中央労務管理事務所の皆さんには大変お世話になりました。さらに、日ごろから私の講演、講義を聞いてくださる皆様、拙著発刊のたびに購読してくださる全国の温かい読者の皆様に、深謝申し上げる次第です。

※ちなみに、本書では、未払い残業代のさかのぼりについて、「2年」と表記していますが、令和2年民法改正に伴い、賃金請求権の消滅時効は、原則「5年」とされ、当分の間「3年」の扱いとされていることを付言します。

令和3年11月吉日

河野順一

凡例

1　法令は2021年11月1日現在による。

2　本書で使用した法律の略称（50音順）

労基法（労働基準法）

労契法（労働契約法）

労組法（労働組合法）

目次

目次

目次

目次

第一章

民法の基本原則

Live as if you were to die tomorrow
Learn as if you were to live forever
明日死ぬと思って生きなさい
永遠に生きると思って学びなさい

Scientia potentia est
知は 力なり

1 はじめに

会社と労働者との間に労使トラブルが生じた場合、多くの人が、その解決を図るための法律として**労働基準法（以下、「労基法」）**を頭に思い浮かべるであろう。たとえば、「労働者を解雇する際は30日以上前に予告しなければならない」「入社後6か月を経過した労働者には有給休暇を与えなければならない」といったことは、今や一般常識となりつつあるが、それらはいずれも**労基法**に規定されている事項である。

一方で、労働契約も、売買契約や賃貸借契約、委託契約などと同様、**「契約」**である以上、本来は**民法**をその根拠とするものであり、事実、戦前は民法でトラブルの解決を図っていた。しかし民法は、**「契約自由の原則」**を基本原理の一つとし、契約の両当事者が対等の立場であることを原則的に想定していることから、労働契約においてはどうしても、使用者に比べて立場の弱い労働者に不利な結果を招いてしまうことが多々ある。そのため、昭和21年に特別法として**労基法**が制定され、弱い立場にある労働者を手厚く保護することとしたのである。

ところが、**労基法**は会社（使用者）に対して雇用問題に関する一定の義務を課し、これに違反した場合の罰則を定める**刑罰法規**であるため、同法に規定されていない紛争を処理する際には、一般法である**民法**に問題をフィードバックして、解決を委ねざるを得ないのである。しかしながら、紛争当事者である使用者、労働者はもとより、残念ながら労働問題の専門家である社会保険労務士でさえ、この点を見落とす場合が少なくない。

また、一般の**民法**の解説書において、労働問題を念頭に置いた記載や具体例が極めて少ないことも、社会保険労務士が労使トラブルと**民法**との関係を認識・理解することの妨げとなっている。

そこで、**民法**と労働問題との関連性を解説し、労働法を活用するための**民法**の知識を深めていくこととする。

特に今回の解説では**「保護事由」**と**「帰責事由」**の観点から法律問題を解決するという基本的姿勢に関する説明を徹底強化した。すべての法律問題は、「保護事由と帰責事由のバランスで解決する」ものだといっても過言ではない。その意味は後に詳述することになるが、**民法**がどれほど保護事由と帰責事由のバランスに配慮して規定を設けているか、そして、保護事由と帰責事由のバランスへの配慮を日々の実務にいかにして反映していくかについて、しっかりと学んでもらいたい。

2 私たちの生活と法

私たちは、非常に多くの法に囲まれて生活をしている。たとえば、店で物を買ったり、レストランで食事をしたり、電車やバスに乗ったりしている。これらは、どれも契約を締結しているのであり、基本的には民法が適用される行為をしているのである。また、人を雇用すれば、**労基法**や**労働契約法（以下、「労契法」）**の適用を受ける。

しかし、何らかの問題が生じない限り、私たちは法の存在を意識することはない。レストランで料金を不当に高く取られたとか、会社を解雇されたとか、労働災害にあったりしたようなときにはじめてそれらに関連する法を意識するようになるのである。

3 法とは何か

そもそも法とは何か。それは、ある人の利益と他の人の利益が衝突した場合に、それを調整する道具といえよう。法律とは**「国家権力による強制力を伴った社会規範である」**という言い方をすることがある。つまり、国家によって強制される社会規範（ルール）だということになる。

では、なぜ私たち人間にはそのようなルールが必要なのだろうか。それは、人々が、ある利益と他の利益がぶつかり合うということをよく起こすからである。なぜそうしたことが起きるのかといえば、人間というものは不完全な生き物であるから、自分の利益を守って欲しい、自分の権利を認めて欲しい、こういう思いがあるからである。

しかし、私たちの生活はたった一人で無人島に住んでいたロビンソン・クルーソーのようなものではなく、多数の人が集まって社会を作って共同生活をしている。そこには、当然多数の人の利益と利益とが衝突し合うということがよく起こる。たとえば、洗濯物が嵐で飛ばされて隣家の庭に入ってしまったとする。その場合には、洗濯物の所有権と隣家の土地の所有権が競合してしまう。洗濯物の所有者は自分の物を返せと主張できるし、隣の土地の所有者は自分の土地に立ち入るなと言える。一方の所有権を絶対視すると、他方の所有権が侵害されてしまう。

さて、このような場合、そこをどう調整するのか。それが法律の仕事である。通勤、通学に利用するために自転車を駅前に置きっぱなしにしたい。でも駅前に自転車を置かれた商店街は、いろいろと迷惑を受ける。はたまた、新車を買ったのでスピードを出して楽しみたい。しかし、いくらスピードを出して走ってみたいと思っても、歩行者の安全や他の車の迷惑にもなるから、一定の制限というものが必要となる。車の運転でのスピード制限、これなども、スピードを出したいという利益と人や他の車の迷惑になるという利益の衝突の調整と言ってもいいだろう。

最後に、利益調整について、もう一つ例をあげていこう。

ある表現が他人のプライバシーや名誉の侵害となる場面がある。しかし、いくら人のプライバシーや名誉が人格的生存に不可欠な権利であるとして**憲法第13条後段**で保障されているとしても、真実を報道することもまた重要な価値である。たとえば、名声の高い政治家が裏では悪いことをやっていることがわかった。そこでジャーナリストがその政治家のスキャンダルを暴こうとして、真実を報道した。

報道の結果、政治家の名誉は低下し、その名誉が侵害された。社会的評価の高かった政治家の名誉を侵害したことで、その政治家はいわば社会的評価を下げてしまった。そうだとすれば、これは**「名誉毀損」**ということになってしまう。では、そのような名誉毀損をしたからといって、そのジャーナリストを処罰する法律は果たして正しいのだろうか。政治家の名誉とジャーナリストが報道すべきだという利益が衝突することになる。

さて、この場合、これをどう調整するのか。それは**刑法**という法律が調整するのである。**刑法第230条**と**刑法第230条の2**で、名誉と報道など表現の自由の衝突を調整している。

では、なぜそのような調整をする必要があるのか。それは**より多くの人々が幸せになるために**、利益と利益の衝突の調整を行う必要があるからである。名誉を守って欲しいという利益と真実を報道したいという利益、そうした利益と利益の衝突、いわば利益と利益のぶつかり合いを法律で、この場合は刑法で調整するのである。

加えて、**刑法**による調整は、正しい調整でなければならない。たとえ真実であったとしても、報道をしてその政治家の社会的評価を下げてしまったら、それは名誉毀損罪になるのだということになると、多くの人々は納得できないのではないだろうか。

政治家のスキャンダルを暴いて、真実を暴露したにもかかわらず、そのジャーナリストが処罰されてしまう。これは表現の自由や報道の自由を保障した**憲法第21条第1項**に反するのではないか。それは正しい調整とはいえないのではないか。多くの人々から、そういう非難が出てくるだろう。

したがって、**刑法第230条の2**は、その事実が、公共的な事実であり、かつ、目的が公益を図る目的であって、そして真実であるということが、もし証明されたのであれば、罰せられないという形で調整をしているのである。

このように、名誉と報道の自由の衝突を、刑法が正しく調整をしているのである。では、なぜ**刑法**が正しく調整しているといえるのか。それは、今の時代において、政治家のスキャンダルを暴いて真実を暴露することが正しいと、多くの人々がそういう価値観を持っているからだろうということなのである。このように、名誉を守って欲しいという利益と、真実を報道したいという利益の衝突を**刑法**によって調整するわけだが、なぜ刑法による調整が正しいかというと、その時々の多くの国民の価値観に合致しているから、それは正しいのだということがいえるのである。

4 法の分類

1 公法と私法

公法とは、**公権力（国と地方自治体）と私人（個人と法人）との関係を規律する法**ということである。わかりやすく言うと、公法というのは縦の関係、すなわち、上下垂直的な関係を規律する法であり、国と私人との間の関係を定めているということになる。

一方、**私法**とは**横の関係、すなわち左右にひろがる水平的な関係を規律する、私人間の私的関係を定めた法**であると理解すればよいであろう。国と私人の関係とは、税務署と納税者のような関係、あるいは労働基準監督署と使用者および労働者のような関係をいう。

したがって、賃金からの源泉徴収を定めた**「所得税法」**は公法ということになり、労働時間、賃金、安全衛生、労働災害補償を定めた**「労基法」**もまた公法である。その他、**憲法**、**行政法**、**刑法**、**訴訟法**などは、公法に属する。

一方、親と子、夫と妻、市民同士などの私的な関係、たとえば相続とか不動産の売買などを定めた**「民法」**は、私法に入る。今日、私たちが生存を維持し、生活していくためには、個人や団体とのかかわりなくして一日も生活できない。私たち一人ひとりは、家族との関係を有し、また、店で食料品を買ったり、特定の会社と雇用契約を結ぶというように、他の「人」との関係を通じて日々の生活を送っている。また、さまざまな「物」を使用したり、収益をあげたり、処分をしながら生活している。

このように、人と人との間の関係および「物」との関係を定めているのが私法なのである。その他、**不動産登記法**、**借地借家法**、**商法**、**会社法**などは私法に属する。

2 一般法と特別法

「一般法」とは、**人・物・場所・事項などに関して効力の制限がなく、その全般に適用される法**のことをいう。これに対して**「特別法」**とは、一般法と異なり、人・物・場所・事項などに関して、その効力に特別の制限があり、特殊的・部分的にだけ適用される法をいう。具体例をあげてみよう。民法は一般人の間の行為のルールを定めるもので、すべての人に適用される。

このうち、**労基法**は労使間に限定して適用される。たとえば、使用者が労働者を解雇した場合に、**労基法**の定める解雇の規定**（労基法第20条）**が適用されるのか、または**民法**の定める雇用の規定**（民法第627条）**が適用されるのかという問題が起こる。この問題を解決するために、**一般法**（ここでは**民法**）と**特別法**（ここでは**労基法**）との関係について、**「特別法は一般法に優先する」という原則**により、労使間の雇用契約の解除をめぐる問題であれば、**労基法**が**民法**に優先して適用されることになる。

ところで、一般法と特別法というのは絶対的な概念ではなく**相対的**な概念である。たとえば**刑法**は、**民法**に対しては特別法であるが、**軽犯罪法**、**爆発物取締罰則**、**暴力行為等処罰ニ関スル法律**、**盗犯等防止及び処分ニ関スル法律**、**破壊活動防止法**、**組織的な犯罪及び犯罪収益の規制等に関する法律**などのように、特殊の事項について規定した法に対しては一般法である。

両者の区別は法律の効力の点からの区別で、それを区別する実益は**「特別法は一般法に優先する」**という原則にある。したがって、特別法の規定のない部分については一般法が補充的に適用されるのである。

3 実体法と手続法

実体法と手続法は、法の内容そのものを基準とする区別である。**実体法**とは、**権利・義務の実体を規定する法**ということである。実体法には**要件**と**効果**が定められている。要件と効果とは、たとえば「Aという要件が満たされると、Bという効果が発生する」というものである。すなわち**要件**とは、**ある法的な効果が発生するための条件**のことである。

効果とは、**法律上の権利や義務**のことである。民法の条文を例にして、具体的に見ていこう。

（雇用）
第623条　雇用は、当事者の一方が相手方に対して労働に従事することを約し、相手方がこれに対してその報酬を与えることを約することによって、その効力を生ずる。

これは雇用契約に関する条文である。この文は次のことを意味している。

労働者が⑴「労働に従事すること」を約束し、⑵事業主が「それに対して報酬を支払うこと」を約束するという部分が**「要件」**に当たる。前者を要件⑴、後者を要件⑵としよう。

そして、「雇用契約の効力が発生する」という部分が**「効果」**にあたる。たとえば、AがBに「この会社で働かせて下さい」と言って労働に従事したとする。これで要件⑴が満たされたことになるのである。

次に、Bが「わかった。ウチの会社で働いて下さい。給料は20万円を支払います」。これにより要件⑵も満たされることになる。

ここで、雇用契約の効果が発生するのである。具体的には、BはAに対して約束をしたとおり、労働力を提供するよう求めることができる。また、AはBに対して約束をした給料20万円の支払いを請求することができるのである。

要件と効果という言葉は、法律を始める段階では少しむずかしいと思うが、しかし、これからの勉強で何度も繰り返して出てくる言葉なので、使っているうちにこの言葉の意味がわかるようになるので安心して欲しい。

さて、Aが給料（賃金）を請求するという効果を主張するためには、(3)「労働者が労働力を提供すること」を約束し、事業主が(4)「それに対して給料を支払うこと」を約束するという、二つの要件が満たされる必要がある。このような二つの要件を満たしたのであれば、**民法**という実体法によって、AはBに対して給料を請求するのである。

しかし、実際に**民法第623条**の定める要件を満たしたかどうかは誰にもわからない。たとえばBが「Aに労働力を提供してもらっていない」と言い、それに対して、Aは「労働力を提供したのだから約束どおり給料を支払え」と言ったら、AとBの主張は水掛論になり、いつまでも争いが解決されないことになる。

このような場合、Aとしては、自分に実体法上の権利があることを裁判で明らかにしていく必要がある。そこでAは、**民法第623条**の定める要件を満たしていることを証明しなければならない。そして、そのためにはAは具体的にどうすればよいのか。どのようにして真実を明らかにしてAとBの紛争を解決していくのか、その解決の手続を定めたルールが**「手続法」**なのである。

AがBに対して実体法上の権利があることを主張するには、裁判で明らかにする必要がある。この意味において、手続法は民法などの実体法上の権利を実現するための手続を定めた法律だということである。

仮に、このような手続が整理されていなかった場合、AがいくらBに対して「私は実体法上の権利がある」と主張しても、それは「絵に描いた餅」ということになる。

したがって、絵に描いた餅を「本物の餅」にするためには手続法が必要になる。つまり権利を実現するためには、実体法と手続法の両方が必要になるということである。

4 強行法と任意法

強行法とは、**公の秩序について当事者の意思による適用除外を認めることはできない法律**のことである。**憲法、刑法、行政法などの公法**の多くは強行法である。

労働者と使用者という当事者間に適用される労基法も強行法規である。使用者がこれを守らないと罰金刑や懲役刑に処せられることもある。たとえば、**労基法第4条**に**「男女同一賃金の原則」**の規定があるが、これに違反した使用者に対して、**労基法第119条第1号**は**「6ヶ月以下の懲役又は30万円以下の罰金に処する」**と規定している。

この他にも、**強制労働の禁止、公民権の行使の保障、時間外労働や休日労働の割増賃金の支払義務**に違反した場合の使用者に対する罰則規定はたくさんあるが、このように使用者に対して厳しい規定となっているのは、**労基法**の目的が、労働者の保護にあるからである。すなわち、労働者と使用者は人と人であるが、実質的には平等・対等な存在ではない。労働条件などの点で基本的に使用者の方が有利な立場に立っているといえる。

使用者がその強権を濫用した場合、労働者の多数が害され、社会秩序が乱れる結果ともなるであろう。そこで、使用者と労働者の間で労働者を保護するために、**労基法**は強行法規とされているのである。

公法はほとんど強行法といってもかまわないが、強行法に違反した場合はどうなるのかというと、その行為は**無効**となり、法の効力が認められない。公法の中でも、**刑法**その他の刑罰法規に違反した場合には、制裁として刑罰が科せられる。ただし、刑罰法規は原則として、**「故意」**でなければ処罰することはできない。もっとも、**過失**の場合でも刑罰を科せられることもある**（刑法第38条第1項但書）**。

民法、その他の**私法**の中でも強行規定に違反した場合には、一般に**無効**となる他、効力が**取り消される**こともある。たとえば、未成年者が法定代理人の同意を得ずにした財産に関する法律行為**（民法第5条）**や、婚姻適齢に違反してなされた婚姻や重婚など**（民法第731条ないし第736条）**がある。

無効は法律行為が存在したときから効力が認められない。無効の場合には、その法律行為に基づく権利義務は生じないから、それに基づいて相手方に何の請求もできない。たとえば、売買が無効であれば代金を支払う必要はないし、目的物の引き渡しを請求することもできない。これに対して取消しの場合には、その法律行為は**「取消」**されるまでは有効であるから、それまではすべての人に有効なものとして、取り扱わなければならない**（民法第121条）**。

5 労働契約と民法の関係

1「雇用」と「労働契約」

私法の一般法である民法には、**「雇用」**に関する規定が存在する**（民法第623条）**。

この規定により、**「雇用」**とは、**「当事者の一方が相手方に対して労働に従事することを約し、相手方がこれに対してその報酬を与えることを約する」**契約ということになる。

この「雇用」契約と、労働法上の「労働契約」とはどのような関係になるのだろうか。まず、労働法上で「労働者」がどのように定義されているかを見てみよう。

労基法第9条では、

（定義）
第9条　この法律で「労働者」とは、職業の種類を問わず、事業又は事務所（以下「事業」という。）に使用される者で、賃金を支払われる者をいう。

と規定され、**労契法第2条**では、次のように規定されている。

（定義）
第2条　この法律において「労働者」とは、使用者に使用されて労働し、賃金を支払われる者をいう。

2 労働契約の要件

この二つの条文を見てわかるように、労働法における労働者とは、⑴使用従属関係が存在し、使用者の指揮命令を具体的に受ける下で、⑵労務を提供し対価を得ている者、ということになる。

労働契約といえるための要件
(1) 使用従属関係の存在
(2) 労務提供に対する対価支払の存在

よって、労働契約といえるためには、**(1)使用従属関係が存在することと、(2)労務の提供に対する対価の支払いが存在すること、**の2点が必要となるわけだが、「他人のために仕事をして一定の報酬を受ける」契約関係は、民法上では「雇用」の他にも**「請負」（民法第632条以下）**、**「委任」（民法第643条以下）**が存在する。

契約形式としては「雇用」だけでなく、「請負」や「委任」であったとしても、実態として(1)使用従属関係と(2)労務提供に対する対価の支払いが存在すれば、労働法上の労働契約として捉えられる可能性があるということになる。

裏を返せば、労働法上の労働契約である場合、それぞれの契約形式によって、民法上の「雇用」や「委任」、「請負」、さらにはその他の混合契約として、**民法**の適用対象となる。

労働契約も使用者と労働者との間の私法上の契約の一つであるため、その法律関係については、**強行的・直律的効力**[※1]を有する**労基法**の規定に違反しない限りにおいて、**民法**の規定が適用される。このことからも、労働法を真に理解し活用するためには、**民法**の理解が必要なことが理解できるだろう。

また、社会保険労務士は労働保険・社会保険の適用に関して、たとえば建設業の現場で作業する者が、会社との間で結んでいる契約が「雇用契約」なのか「請負契約」なのか、といった契約形態の区別の問題に出会うことが非常に多い。こういった場面でも正しい対応をするには、**民法**の知識の裏付けが必要となる。

このように、労働問題の解決のためには、**労基法**や**労契法**といった労働関係諸法令の理解のみでは足りず、私法の一般法である**民法**の理解が必要となるのである。社会保険労務士となった者の中には、社会保険労務士試験の試験科目として労働法を学ぶにとどまり、**憲法**や**民法**といった法律学の基礎をなす分野を体系的に習得していない者も多く存在するが、**労使トラブルの解決、あるいは未然防止、さらには社会保険労務士として日々の各種業務遂行のためには、民法の基礎概念の習得は必須であることがこれでおわかりいただけただろう。**

本講座では民法の基礎概念と労働問題の橋渡しをすることを主な課題としていきたい。

※1　強行的・直律的効力

労働契約に法律違反があったとき、違反部分については無効となる。この無効にする力が**「強行的効力」**である。無効になった部分は**労基法**の最低基準で補完する。この補完する力が**「直律的効力」**である。「生かすところは生かす」という考え方なので、契約は有効である。この二つの言葉をまとめて、**「規範的効力」**という。

労働契約で定める**労基法**の基準に達しない場合は、その部分は無効となり、**労基法**が定める基準に置き換わる**（労基法第13条）**。ここにも「部分無効」の考え方が貫かれている。したがって、この**労基法**の定める基準に達しない労働契約の部分を無効にするという強い効力を、**「直律的効力」**という。

6 近代民法の三大原則

近代民法の原則は、**封建社会**※2を消滅させ、近代市民社会を発展させるために大きな役割を果たしてきた。近代市民革命以後に生まれた市民法としての**民法**は、個人主義的・自由主義的思想を背景として、個人を封建的拘束から解放し、**自由・平等・独立の個人**を中心として、個人の自由な活動を保障することを基本的な立場とした。

民法は、一般法として、個人の生活を規律する最も基礎的な法律であるから、当然この**個人主義**を中心に組み立てられている。たとえば、衣食住や取引に関する財産生活、夫婦と親子の家族生活を定める法律である。**民法**を貫く近代法の基本原則として、1**私的自治の原則**、**2所有権絶対の原則**、**3過失責任の原則**の三つがあげられる。

このような**民法**の発達により、経済活動の大規模化が促進され、企業の発展も、もたらされるようになった。しかし、一方において、近代資本主義社会が成熟段階に入ってくると、果たしてこれだけで、すべて国民の幸せが達成されたのであろうかということが反省されるようになってきた。たとえば、土地を持たない者は、生きるためには持てる者から、その利用権を得て賃料を払いながら生きていくわけである。持てる者は、その交渉の過程で優位に立ち、契約成立後は、解約という武器によってさらに優位を保ちうる。こうして、富める者と貧しき者との対立を生ぜしめることになった。つまり、社会には、能力的にも、経済的にも実質的な不平等があるのに、法律が単に形式的な平等や個人の自由を保障しても、それは結局のところ、社会的な強者の自由を保護するだけになってしまう。また、企業活動が巨大化するにつれて、たとえば、工場が有害な煤煙を出し、騒音をまき散らすような公害や副作用による健康被害、大規模な事故など予見が困難な損害も多く見られるようになった。

そこで**民法**は、近代民法の諸原則を土台にしつつ、平等を旨とする法は**契約自由の原則**に積極的に干渉し、実質的平等の実現を目指すことになり、**労基法**、**借地借家法**、**独占禁止法**、**消費者保護法**などの制定となって現れた。また、大規模な事故や公害などに一部無過失責任の考え方が取り入れられたことなどは、その具体的な現れといえる。したがって、**民法**の学習は、単に**民法**を学習しただけでは不十分であり、**民法**の原則を修正しているこれら特別法をあわせて学ばないと、現時の司法秩序の全体を理解することはできない。

以下では、近代**民法**の原則がどのようなもので、それがどのように修正を受けているかを学んでいくこととする。

※2 封建社会
昔、君主が自分の領地に山以外の土地を家臣に分け与えて治めさせた制度。家臣は土地と引き換えに君主に忠誠を誓った。考え方が古くて民主的でないことを**「封建的」**と批評することがある。

1 私的自治の原則（契約自由の原則）

(1) 原則

人々は、自分の意思に基づいて約束をし、自分のした約束のみに縛られる。これを法律用語でいえば、**「人々は自己の締結した契約によってのみ、権利を得、義務を負う」**ことを原則とする。市民社会以前の封建国家は、絶対身分社会であった。身分により一方的に命令され、義務を負わされていた。しかし、市民革命は、個人は自由な意思に基づく契約によってのみ拘束され、義務を負うべきであるとした。

このように、封建社会から近代社会への移行は、**「身分から契約」**への変遷と言い表される。このような原則の下で、人々はその経済生活において自由に活動することができるようになった。その結果、自由競争が促進され、今日のような**資本主義**※3社会の進展がもたらされたのである。

わが国の**民法**には、契約自由の原則を正面から保障する規定はないが、**民法第91条**がその根拠条文とされている。

> **（任意規定と異なる意思表示）**
> **第91条**　法律行為の当事者が法令中の公の秩序に関しない規定と異なる意思を表示したときは、その意思に従う。

民法の任意規定と異なる意思表示をしたとしても、その意思に従うということは、契約自由の原則を認めたことにほかならないからである。

もちろん労働契約においても、契約である以上は契約自由の原則が保障され、特別法などで制限を受けておらず、公序良俗にも反しなければ、その契約内容は自由である。

以下は仮眠時間に対する賃金について労使が対立した事例の判例だが、仮眠時間に対する賃金の定めを別に就業規則などに定めることで、通常の労働時間とは異なる契約をする自由があることを最高裁判所が明確に示したものである。

「本件仮眠時間は**労基法**上の労働時間に当たるというべきであるが、**労基法**上の労働時間であるからといって、当然に労働契約所定の賃金請求権が発生するものではなく、当該労働契約において仮眠時間に対していかなる賃金を支払うものと合意されているかによって定まるものである（**大星ビル管理事件　最判 平14・2・28**）」

契約自由の原則は、**①契約締結の自由、②相手方選択の自由、③契約内容の自由、④契約方式の自由**という四つの内容を含んでいる。

①「契約締結の自由」とは、**契約を結ぶか否かは各人の自由意思**によるということであり、②「相手方選択の自由」とは、誰と契約をしてもよいということである。③「契約内容の自由」とは**契約の内容は当事者が自由に定めてよい**ということで、これが契約自由の原則の中心である。国家の干渉を排除して、自由に契約を結べるようになったことは、資本主義経済の発展に大きく寄与した。④「契約方式の自由」とは、**当事者の合意のみで契約は成立する**ことを意味する。原則的には、契約において書面の作成は不要である。書面がなくても、契約そのものは有効に成立しているからである。ただし、**民法**は保証契約のような重大な契約に関しては書面（若しくは電磁的記録）の作成を義務付けている（**要式契約**という）に注意されたい。

①「契約締結の自由」を、労働問題にあてはめると、使用者の採用の自由がその例として挙げられる。採用の自由には、a採用人数、b公募なのか縁故採用なのかなどの募集の仕方、c採用の基準、d誰と労働契約を結ぶか、e契約前にどのような調査をするか、の

五つの要素が含まれている。

関連判例　三菱樹脂事件（最判 昭48・12・12）

憲法は、広く思想・信条の自由や法の下の平等を保障すると同時に、財産権の行使・営業その他経済的活動の自由も基本的人権として保障している。それゆえ、企業者は、かような経済活動の一環として契約維持の自由を有し、自己の営業のために労働者を雇用するにあたり、いかなる者を雇い入れるか、いかなる条件でこれを雇うかについて、法律その他の特別の制限がない限り、原則として自由にこれを決定できる。

このように、判例法理も広く採用の自由を認めているが、「法律その他特別の制限」の存在には注意を要する。

※3　資本主義
資本を持っている人が利益を得ることを目的として、働く人を雇って商品を生産する経済のしくみ。これに対して社会主義とは、生産手段の私有をやめて、ものをつくり出す仕組みを社会全体のものとして、能力に応じて働き、働いた分だけの分配を受ける、階級のない平等な社会にしようとする考え。

(2) 私的自治の原則（契約自由の原則）の現代的修正

私的自治の原則の中心となる契約自由の原則は、現代においては数多くの制限を受けることとなっている。社会的弱者保護の見地から、さまざまな分野で多くの特別法が制定されており、**労基法**をはじめとした労働関係諸法令もその具体例である。一般法である民法では、当事者の合意さえあれば、それが強行規定や公序良俗に反するものでない限り、どのような契約をしても有効である。強行規定とは、規定に違反する行為に対して、法律がその実現を認めないと明言しているものである。また、公序良俗とは、**「公の秩序又は善良の風俗」**のことであり、公の秩序とは国家社会の秩序を、善良の風俗は一般的道徳観念を意味する。この**公序良俗**に反する合意は無効となる**（民法第90条）**。

先述したが、強行規定の例として、**労基法**では使用者に比べて社会的に弱い立場にある労働者を保護するために、労働時間その他の労働条件について詳細な規定を置いている。仮に、使用者と労働者との間の労働契約が**労基法**の規定よりも下回る劣悪な内容であったならば、**労基法**の規定が当事者間の合意よりも優先して適用**（特別法は一般法に優先する）**される。

つまり、当事者の合意した契約の効力は否定され、**労基法**に定められる基準まで自動的に引き上げられるのである。民法においては任意規定が原則であったものが、労基法ではそのほとんどが強行法規となっている。

公序良俗違反の例としては、企業における男女のコース別採用・処遇が挙げられる。男性社員については、将来の幹部社員候補として採用され、勤務地の制限がなく難易度の高い業務を担当するのに対し、女性社員は勤務地限定の上、難易度の低い業務のみを担当するような場合である。

関連判例　（東京地判 平14・2・20）

原告らが入社した当時において、（中略）一定の合理性があり、それが公序に反するとまではいえないものの、**男女雇用機会均等法**の施行された平成11年4月1日以降は、原告らと会社との労働契約中、前記の処遇部分は同法6条に違反するとともに、不合理な差別として公序に反することになったというべきである。

2 所有権絶対の原則

(1) 原則

わが国では、全ての財産が私人の私有に属し、それが自由な取引によって交換される制度を採用している。その基礎には、**所有権**という概念がある。所有権とは、**個人が自己の所有物を自由に使用収益処分することが可能な権利**のことである。このことは、**憲法**にいう**財産権不可侵の原則**というのと同じである。他人はもちろんのこと、国家権力といえども、その自由を侵害してはならないという原則である。

市民社会以前の封建国家においては、国家の意思により個人の所有物（財産）が勝手に取り上げられ、処分されていた。

しかし、個人の自由・平等を建前とする近代市民社会においては、個人の財産権を国家が恣意的に侵害することは許されないのである。この原則の下で、資本主義経済の高度の発達がもたらされた。すなわち、人々は安心して自己の支配する物、たとえば土地なり建物に資本を投下し、自由にその権利を行使することができることになった。

わが国の**民法**では、**第206条**以下において所有権に関する規定が置かれている。

> **（所有権の内容）**
> **第206条**　所有者は、法令の制限内において、自由にその所有物の使用、収益及び処分をする権利を有する。

⑵ 所有権絶対の原則の現代的修正

フランス革命時の人権宣言では、所有権は神聖不可侵なものとされ、フランス民法では「もっとも絶対的な方法で物を収益し処分する権利」と規定された。これによって確立された近代的所有権が資本主義社会の基盤をつくったことは、すでに見てきたところである。

しかし現代にあっては、その絶対的とされた所有権でさえ、権利の公共性・社会性からの修正を受けている。所有者といえどもその所有権の濫用は許されず、公共の福祉に適合するよう利用することが義務付けられるようになった。そのことを「所有権は義務をともなう」という言葉で、憲法にはじめて規定したのが、ドイツの**ヴァイマル（ワイマール）憲法**である。わが国の**憲法第29条**も、**第1項**において、財産権の不可侵を宣言しつつ、第2項において、その内容は**「公共の福祉に適合」**するものでなければならないとしていることから、現代的な所有権概念を採用していることは明白である。

よって現行法上では、所有権は絶対のものではなく、公共の福祉の観点から多くの例外的な制限が加えられている。

たとえば、洗濯物が風で飛ばされて隣家の庭に入ってしまったとする。その場合には洗濯物の所有権と隣家の土地の所有権が競合してしまう。洗濯物の所有者は自分のものを返せと主張できるし、隣の土地の所有者は自分の土地に立ち入るな、といえる。一方の所有権を絶対視すると、他方の所有権が侵害されてしまう。このような場合には、公共の福祉の観点から所有権の行使に制限が加えられる。相当性・必要性・手続きの正当性等の観点から、洗濯物の所有者の返還請求権、土地所有者の所有権とのバランス調整を法によって図ることになる。**憲法第29条第2項・第3項**による制限や、**民法第206条**には「……法令の制限内において……」という制限があり、それを受けて各種の法律で制限が加えられている。

これについて、労働力の所有という面を考えてみよう。

所有権が絶対であるとすれば、労働力も例外ではなく、自己の土地が所有者の財産であるのと同様、賃金労働者の労働力も使用者の財産であるから、これを自由に使用・収益・処分してもかまわないということになる。

しかし、それでは労働者はたまったものではない。そもそも所有権絶対であるとしても、労働者を安い賃金、長時間労働・過酷な労働という劣悪な労働条件で働かせてもよいというものではない。

これについて、所有権絶対の原則は、市民社会の理想の達成のために認められた原則であるのだから、「弱い立場の一般市民のために、所有権に一定の制限を認めてもよいではないか」という反省がなされるに至った。**労基法**や**労働災害補償保険法**などが施行されているのもその表れである。

さらに、労働者には、**団結権・団体交渉権・団体行動権**が保障されている。労働者は労働組合を結成し、労働組合はその支配下にある労働力を企業の場から引き揚げることによって、使用者の財産権の行使を阻止することができるようになった。

使用者の財産権に対抗し、労働者の争議権が保障されている今日では、争議権の行使によって生産・営業がストップしても、これは違法にならない。もっとも、労働者のあらゆる争議権の行使が合法であるわけではない。

たとえば、労働者が、職場を放棄して、設備、機械、材料を破壊し、会社の生産営業活動に対して積極的に妨害を加えるのであれば、それは違法なものであると評価できる。

このように、労働者は所有権に対抗できる争議権を与えられることによって、使用者と実質的に対等の立場に立つことができるようになったのである。

3 過失責任の原則

(1) 原則

自己の故意や過失による結果に対してだけ責任を負い、これ以外の結果に対しては、いかなる権力によっても責任を負わされることはないとする原則である。すなわち、人はどんなに大きな損害を他人に与えてしまったとしても、自分に故意または過失がなければ責任を負うことはない。故意とは、結果を認容することであり、また責任とは、損害賠償責任のことである。

フランス民法に「他人に損害を引き起こす人の行為はどんなものでも、その損害が過失により生じたときは、その人に損害を賠償する義務を負わせる」という規定がなされ、その影響を受けて、わが国も**民法第７０９条**などに**過失責任主義**を導入した。

（不法行為による損害賠償）
第７０９条　故意又は過失によって他人の権利又は法律上保護される利益を侵害した者は、これによって生じた損害を賠償する責任を負う。

⑵ 過失責任の原則の現代的修正

過失責任主義の基本は維持されつつも、社会経済の発展、高度化にともない、**無過失責任**という概念が新たに主張されるようになった。科学の進歩と産業資本主義が発達したことで、各企業は数多くの大規模な工場や建築物、発電所、高速交通機関、空港などのインフラを建設し、日々その運用がなされている。それらの施設・設備は、便利さ快適さを提供する反面、事故が発生した場合には非常に危険な存在となりうる。

現代において万一、そのような施設から事故が発生した場合に、従来の過失責任主義のままであれば、被害者が自ら加害企業の過失を主張立証しない限り、救済を受けられないことになる。被害者の立証の困難さは火を見るより明らかであろう。

各企業は、さまざまな危険を内包した施設の建設・利用によって多大な利益を得ている以上、その危険が現実化した際には、たとえ過失が立証されなくても責任を負うべきだとする無過失責任主義は、このようにして提唱されるようになった。わが国の**民法**でも、**第**

717条の工作物責任において無過失責任主義が採用され、その他の規定でも、実際には判例において無過失責任に近い運用がなされているものもある。

以上において、近代民法の原則とその修正を紹介してきたが、このことは**民法**の三大原則の価値が減じたわけではないことに注意を要する。法秩序全体を見渡したとき、民法自身や特別法によって数々の修正を受けたことで、**民法の三大原則**が現代において実効性のあるものとなっていることを確認されたい。

7 私権の公共性

ここからは具体的に**民法**の条文を見つつ、労働法との関わりを学んでいくこととする。民法総則と債権法、不法行為法の中で、重要な論点を取り上げて説明することとしたい。まずは、**民法の基本原則**と労働法との関係について説明しよう。

民法の基本原則を定めた**民法第1条**には**1公共の福祉の原則**、**2信義誠実の原則**、**3権利濫用禁止の原則**、の三原則が定められているが、その三原則の前提にあるものも説明しておく必要がある。

それは**「個人の尊厳」**と**「両性の本質的平等」**である。近代国家の法は**「自由」**と**「平等」**を求めた市民革命を経て成立した歴史がある。その人権獲得の歴史を受け継ぐ**日本国憲法**のもとでは、**民法**もまた、自由と平等をその基本原理としなければならない。**民法第2条**は「この法律は、個人の尊厳と両性の本質的平等を旨として、解釈しなければならない」と定めているが、これは、個人の尊厳と両性の本質的平等を民法全体に通じる解釈の指針として挙げることによって、**民法**が個人人格の自由・平等に基礎づけられたものであることを宣言したものである。

つまり、**民法**やその特別法について解釈適用する際には、**憲法**の定める**「自由」**と**「平等」**の理念を常に念頭に置いておかなければならないのである。

現代においては、パワハラやセクハラが違法かつ不法なものであるということは常識化しつつあるが、それらはもともと、民法上**「個人の尊厳」**を侵し、**「両性の本質的平等」**に反するものなのである。それにも関わらずセクハラ行為が頻発するため、**男女雇用機会均等法**にセクハラやマタハラを防止する規定が入ったり、**パワハラ防止法**(改正労働施策推進法)が制定されたが、常に労働問題を考える際には、出発点を**憲法**や**民法**に置かなければ、真に特別法を活用することはできないのである。

それでは、**民法**の三つの基本原則を学ぶこととしよう。

8 公共の福祉

（基本原則）
第1条 私権は、公共の福祉に適合しなければならない。
2 権利の行使及び義務の履行は、信義に従い誠実に行わなければならない。
3 権利の濫用は、これを許さない。

民法第1条は、**民法の基本原則**を定めたものである。この**民法第1条**の重要性を理解することが、民法や労働法を学ぶ上での出発点であり到達点なのである。この条文の重要性はいくら強調してもしきれないほど大きなものであると思っていただきたい。

民法第1条第1項は、**「私権は、公共の福祉に適合しなければならない」**と定めている。**「私権」**とは、人々が有する一般的な権利のことだと、ひとまずここでは思っておいてもらえばよいだろう。**民法**は市民社会における市民のルールを定めた法律である。人々は権利を行使したり、義務を負ったりしながら日々暮らしているわけだが、たとえ権利であったとしても、そこには限界が存在することを**民法第1条第1項**は示している。その限界が**「公共の福祉」**である。**「公共」**とは、わかりやすく言えば「みんなの」という意味である。**「福祉」**

も同じようにわかりやすく言い換えれば「幸せ」ということになる。残るは「適合」という言葉になるが、これも簡単にいえば「ふさわしい」ということである。権利の内容を解釈したり、運用したりする際に、**「みんなの幸せ」**にふさわしい内容となるようにしなければならない、ということを**民法第1条第1項**は定めている。人々が自分の権利のみを声高に主張するばかりでは、円滑な社会生活など到底望むことができない。だからこそ**民法**はその冒頭に、「みんなの幸せ」という限界を示したのである。

公共の福祉について、具体的な事例に即して考えてみよう。経費削減を徹底している会社が、コストダウンのために不法滞在の外国人を大量に雇うことは許されるであろうか。確かに、会社には雇い入れの自由が営業の自由のひとつとして保障されているといえるから**(憲法第22条第1項)**、誰を雇っても自由ではある。しかし、このように不法滞在の外国人を雇い続けることは、出入国管理制度への信頼を破壊し、労働市場をも混乱させるおそれが多分にある。このような状況を放置していては、社会共同生活全体としての向上発展を阻害し、社会一般の利益と調和を図ることができない。そこで、調和を図るべく、その範囲で雇い入れの自由という私権が、公共の福祉の見地から制限されることになるのである。

9 信義誠実の原則（信義則）

1 信義誠実の原則とは

民法第1条第2項は**「権利の行使及び義務の履行は、信義に従い誠実に行わなければならない」**と規定している。これは、**「信義誠実の原則」**を定めたもので、**「信義則」**とも略称される**民法**の基本原則の一つである。

信義誠実の原則とは、**私的な取引関係では、当事者は互いを裏切ることなく、誠実に行動しなければならないという原則**である。取引の両当事者に信義誠実を求めることで、当事者間の公平を図る原理といえる。

信義誠実の原則は、さらに三つの原則として具体化する。

> ⑴ 権利行使・義務履行の際の行動準則としての信義則
> ⑵ 矛盾行為禁止の原則（「禁反言」（エストッペル）ともいわれる）
> ⑶ クリーン・ハンズの原則

⑴の**「権利行使・義務履行の際の行動準則としての信義則」**とは、一般的に**「信義則」**

といわれるものである。ある権利者（義務者）が行動する際に、他者の信頼を裏切ってはいけない、不誠実なふるまいをしてはいけないという行動の準則として機能するのである。行動準則であるということは、その準則通りに行動していれば法の保護の対象となるということである。裏を返せば、準則に従わない行為者は法の保護を受けられなくてもやむを得ないということである。

後で**「保護事由」**と**「帰責事由」**という概念については詳細に説明するが、信義則に従う者は法的保護を受け、信義則に従わない者は法的保護を受けられず、時には法的責任すら追及される可能性があるということである。

⑵の**「矛盾行為禁止の原則」**とは、**何人も自己の先行する言動に矛盾する言動をとることは許されないとの準則**である。**「禁反言」（エストッペル）の法理**ともいわれる。たとえば、借金の時効が完成した後で、「ああ、そのお金ならちゃんと返しますよ」とその借金の存在を承認した者が、後に「時効が成立しているんだから支払わない」ということは許されないということである。

⑶の**「クリーン・ハンズの原則」**とは、**自ら法を尊重する者だけが「法を尊重せよ」と主張できるということ**である。この原則が具体化された条文の例が、「不法な原因のために給付をした者は、その給付したものの返還を請求することができない。ただし、不法な原因が受益者についてのみ存したときは、この限りでない。」と、不法原因給付について

定めた**民法第708条**である。

たとえば、Y会社の社長Aが、気に食わない社員Xを会社から追い出すために、社員Bに対して、Xの悪口を流布したりするなど、Xが会社にいられない状態に追い込むことを、特別ボーナス50万円を前渡しすることで依頼した。しかし、社員Bの田舎の父親が急死したことから突然家業を継ぐ必要が生じ、退社を申し出てきた。社長AはBに「辞めるんだったら、この前の50万円を返してからにしろ」と言ったとする。ここで社員Bが50万円を返還しなかったら、社長Aはその返還を裁判で求めることができるかといえば、**民法第708条**によってできないのである。理由は、自ら不法行為を依頼して現金を給付した者が、その現金を裁判によって取り返すことができるとしたら、不法行為を依頼した者に裁判所が助力することになってしまうからである。

ここにも、**「保護事由」と「帰責事由」のバランス**が図られている。法はクリーン・ハンズ、つまり「きれいな手」の者を保護するのであり、「汚れた手」の者には帰責事由ありとして保護しないことを宣言しているのである。

「約款」の規定

民法第548条の2第2項は、この約款について「その定型取引の態様及びその実情並びに取引上の社会通念に照らして**第1条第2項**に規定する基本原則に反して相手方の利益を一方的に害すると認められるものについては、合意をしなかったものとみなす。」と規定している。
　この点に関して、就業規則の法的性質との関係が問題になる。就業規則の法的性質に関しては、①法規範の一種と見る**法規範説**と②就業規則それ自体は法規範ではなく、労働者との労働契約の内容に取り込まれることによってのみ両当事者を拘束するという**約款説**の二つの立場がある。判例は法規範説に立つものとされているが（**秋北バス事件 最判 昭43・12・25**）、法規範であればもちろんのこと、民法においては約款についても明文で信義則に反する条項は無効とされることから、就業規則作成の際には信義則の見地からのチェックが重要性をさらに増すことになるといえよう。

この信義誠実の原則は、**労契法**にも規定がある。**民法**が私法の一般法であり、その理念が特別法である労働法によってさらに具体化されていることを示す格好の例であろう。

（労働契約の原則）
第3条
（略）
4 労働者及び使用者は、労働契約を遵守するとともに、信義に従い誠実に、権利を行使し、及び義務を履行しなければならない。

労契法第3条第4項では**「労働者」**と**「使用者」**が両当事者として登場している。使用者に比して立場が弱い労働者を保護するために労働関係諸法令が制定されるわけであるが、だからといって、労働者は何が何でも保護を受けるわけではなく、労働者が使用者に対して有する権利もまた、「信義に従い誠実に」行使されなければならず、いかに権利であったとしても労使間の公平を欠くような権利の行使は許されないのである。

労働法を理解する上で忘れてはならないのは、使用者の**安全（健康）配慮義務**が、この信義誠実の原則から派生する義務であるということである。判例において、信義則を基礎として安全（健康）配慮義務が肯定された結果、**労契法第5条**に安全配慮義務の規定が設けられるようになったということも理解しておきたい。

（労働者の安全への配慮）
第5条　使用者は、労働契約に伴い、労働者がその生命、身体等の安全を確保しつつ労働することができるよう、必要な配慮をするものとする。

ここで、信義則が問題とされた具体例を見てみよう。

a 借地上の建物が消失したので再建しようとしたところ、貸主がそれを禁止していたので、建物が建てられないまま、賃貸借期間が過ぎ去っていったような場合に、借地上に建物が無いことを理由にして、貸主が**借地借家法第5条第1項**にいう借地権の更新請求権は無いと主張することは、信義則に反して許されないというのが判例の立場である。

b 土地の売買において、契約をした後で価格が著しく高騰したので、売買契約を解除しようとすることも許されない。

c 長期にわたって家屋を借りている者が、ほんのわずかに家賃の支払義務を怠ったというので、これを理由として賃貸借契約を解除することもできない。

aとcのような主張は、賃借人のわずかばかりの不履行で大きな利益を生み出すような契約解除を認めるわけにはいかないという好個の例である。ところで、反対に借主の方に著しい背信行為があった場合には、直ちに契約解除できることになっているが、賃借している建物を無断で第三者に使用させた場合でも、それが貸主に対する背信行為と認められない限り、**民法第612条第2項**の解除権の行使は許されない。

以下で、労働関係における信義則違反としてよく問題となる**安全配慮義務違反・競業避止義務違反**について解説しよう。

2 労働契約と信義則

(1) 原則

私人と私人との間の権利義務については、**民法**で定められている**信義誠実の原則（信義則）**が適用される**（民法第1条第2項）**ことはすでに述べたが、労働契約を結ぶ場合においても、**労務提供義務（請求権）と賃金支払義務（請求権）以外に守るべき信義則上の義務**がある。労働契約は**人間同士が深くかかわり、長い期間において関係を築く契約**であるから、ある当事者が労働契約を結んだ場合、その当事者は一般的な他人同士の関係から、もっと密接な関係を有することになる。そのような**特別に密接な関係に入った当事者間**においては、**お互いに相手に損害を与えないように行動する義務**が信義則から考えて当然に生ずると考えられる。労働契約に基づく債権を行使し、債務を履行する際には、当該労働契約の内容に応じた信義に従い、誠実にこれを行わなければならない。

(2) 使用者側が負うべき信義則上の義務

使用者が負うことになるのが**配慮義務**である。たとえば、高級なネックレスを扱い、自社で保管するような会社において、勤務する場所および就寝する場所を会社の社屋内として宿直を命じるような場合、会社は賃金支払義務さえ果たせばいいのであろうか。

これについて、使用者は労働関係において、労働者の生命および健康などを危険から保護するよう配慮すべき一般的な義務**（安全配慮義務）**を負っていることが判例上確認されている。そうであれば、このような事例の場合、安全配慮義務として、社屋内に盗難者などが容易に侵入できないような物的設備、あるいは万一侵入しても盗難者からの危害を免れられるような物的設備を施すとともに、これが困難であるときには、宿直員を増員するとか宿直員に十分な安全教育を行う義務があるといえる（**川義事件　最判　昭和59・4・10**）。

なお、この他にも**職場環境配慮義務**や、配転や出向における**人事上の配慮義務**などは特別の定めがなくとも当然に認められる。

⑶ 労働者側が負うべき信義則上の義務

これに対して、労働者側には**誠実に職務に従事する義務**が信義則上当然に認められる。労働者が負う信義則上の誠実義務としては、①企業秘密を保持する義務（**秘密保持義務**）や、②競合他社に就職したり自ら開業したりしない義務（**競業避止義務**）などがある。このうち競業避止義務について考えてみよう。

たとえば、全国で有数の予備校Xでは、人気講師が他校に流出したり独立したりすることを防ぐために、各専任講師に「退職後2年間は、貴社と競合関係に立つ企業に、いかなる形態においても関与しませんし、自ら独立もいたしません。これらに反し貴社に損害が発生した時は損害賠償責任を負います」との誓約書を署名捺印のうえ提出させているが、同校において長年ナンバー1講師として先頭に立って営業を引っ張り続けてきたYは、自ら独立して予備校を開設したいと考え、退職金1000万円を受け取り、当該予備校を退職した後、1か月後、受験指導校という名目で会社を設立し、受験指導をしている。この場合、Xは何がいえるのであろうか。

競業避止義務に関して、労働者の在職中は特別の定めがなくとも信義則上認められることに争いはない。しかし、退職後いかなる場合にも競業を行わない義務があるといえるのであろうか。たしかに、退職後についても特別の規定があるのであれば、守らなければならないのが原則である。しかし、労働者にも**職業選択の自由（憲法第22条第1項）**が保障されており、これとの調整を図る必要がある。そこで、使用者の正当な利益の保護の必要性に照らし、労働者の職業選択の自由を制限する程度が、競業制限の期間、場所的範囲、制限対象となっている職種の範囲、代償措置の有無などからみて、必要かつ相当な限度のものであれば、競業避止規定も有効であるといえるが、その限度を超えて労働者の職業選択の自由を過度に侵害するような規定は、逆に信義則上認められないということになる。

前記の事例から考えれば、制限の期間が2年間と不当とはいえないが、職種の範囲、場所的範囲の制限も無限定であることから、強度の制限であるといえる。また、退職金の額もその貢献度に対して1000万円と少なすぎ、代償措置とは到底考えられない。そうだとすると、この事件における競業禁止の誓約書は信義則に反し無効となるであろう**（東京リーガルマインド事件 東京地決 平7・10・16）**。

このように信義則は、様々な具体的な事情を検討し、利益衡量を重ねて判断されることになる。

10 権利濫用の禁止（権利濫用法理）

1 権利の濫用とは

民法第1条第3項は「権利の濫用は、これを許さない」という形で、権利濫用法理を規定している。権利の濫用とは、**ある人の行為が、形式的・抽象的には権利の行使であるとみられる場合であっても、実質的・具体的には、権利の社会性に反し、その行使に正当性が認められない場合**をいう。

たとえば、隣家に日光が照らされないようにするためにわざわざ高い塀を作ったような場合とか、発電所用の水路のトンネルが自分の所有地の地下を通っているので、その撤去を求めたとか、貸主は差し当たり必要ではない家屋であるのに、賃貸借契約を解除して相手方を困らせるとかいうように、加害の意思を持ってする場合、権利者の側の利益が小さいのに比べて相手方の被る損害が大きい場合、権利者の側には適法な利益が欠けている場合などは、権利の正当な行使とはいえない。

これは、言い方を換えれば、権利者側の現状変更に対する保護事由の度合いが低いのに対して、相手方の現状維持に関する保護事由が非常に大きい場面といえる。このような場合は、両者のバランスからして、保護事由が非常に大きい相手方を保護することが求められる。そこで、保護の必要性が低いにもかかわらず、無理に権利行使をしようとする権利者に帰責事由ありとして、その権利行使を認めない、という判断をすることになるのである。

労働問題の例についてもみておこう。たとえば、Y会社の従業員Xが、就業規則の規定に基づいて、退職予定日の1か月前に退職の申入れを会社に対してしてきたとしよう。その際にXが、「未消化の有給休暇があと30日ばかり残っていますので、明日から退職日まですべて有給休暇を申請します」などと言ってきた場合を考えてみよう。たしかに、年次有給休暇自体は労働者の正当な権利である。しかし、正当な権利であったとしても、その権利の行使もまた「正当」であることが求められるのである。それは、**民法第1条第1項**の「公共の福祉」の精神からしても、**第1条第2項**の「信義誠実の原則」からしても明らかなことであるが、**民法**は**第1条第3項**ではっきりと、「権利の濫用は許さない」と規定することで、権利行使の正当性を求めているのである。

社員が退職する際には、後任となる社員への引き継ぎや、現状の所掌業務に関する報告書作成、取引先などの担当者へのあいさつ回りなどといった、各種の残務整理を必要とする場合がほとんどであろう。にも関わらず前述のような有給申請をすることは、まさしく権利の濫用以外の何物でもないといえる。

この例に見るように、労働法分野では、権利濫用法理を根拠規定として解決に用いることが非常に多い。そのため、**労契法**でも、権利濫用法理が具体化された規定が見られる。

（労働契約の原則）
第3条 （略）
5 労働者及び使用者は、労働契約に基づく権利の行使に当たっては、それを濫用することがあってはならない。

（出向）
第14条 使用者が労働者に出向を命ずることができる場合において、当該出向の命令が、その必要性、対象労働者の選定に係る事情その他の事情に照らして、その権利を濫用したものと認められる場合には、当該命令は、無効とする。

（懲戒）
第15条 使用者が労働者を懲戒することができる場合において、当該懲戒が、当該懲戒に係る労働者の行為の性質及び態様その他の事情に照らして、客観的に合理的な理由を欠き、社会通念上相当であると認められない場合は、その権利を濫用したものとして、当該懲戒は、無効とする。

（解雇）
第16条 解雇は、客観的に合理的な理由を欠き、社会通念上相当であると認められない場合は、その権利を濫用したものとして、無効とする。

たとえ、**労契法第3条第5項**の規定がなかったとしても、私法の一般法である**民法**の根本原則である権利濫用法理は、労働契約にも当然適用される。しかし、あえて**労契法第3条第5項**で権利濫用法理に関する総則的規定を設けていることからも、この法理の重要性が理解できるだろう。

特に、**労契法第16条**の**解雇権濫用法理**については、詳しく説明しておく必要があるだろう。まず、解雇は「解雇権」という権利の行使であるという出発点を押さえておかなければならない。権利である以上、その権利を行使するか否かは本来、権利者の自由であるが、もちろんその権利の濫用は**民法第1条第3項**によって許されないことになる。たとえ解雇権濫用に関する明文の規定が存在しなくても、もともと**民法第1条第3項**には、解雇権濫用法理の根本が内包されているのである。

解雇権濫用に関する明文の規定が存在しない時から、**民法第1条第3項**の具体的適用場面としての判例が積み重ねられ、判例法理として形成されてきたが、裁判所が解雇権濫用法理を判例法理として形成する上で、実質的な判断材料としてきたのも、**「保護事由」**と**「帰責事由」**

のバランスである。判例が解雇権濫用法理において求めているのは、**⑴客観的合理性**と**⑵社会的相当性**である。この二つの要件の位置づけには諸説あるが、有力な解釈としては、⑴が**主に解雇の理由に関する要件**で、⑵が**その必要性に関する要件**であるとされている。

まず⑴だが、これは法令や就業規則に定める解雇事由が存在し、その事由に該当する事実があることを意味する。これは、客観的な解雇基準の存在と、それに該当する客観的な事実の存在を求めているということである。そもそも、⑴を欠く解雇が違法であるのはいうまでもないだろう。ルールがない、あるいは、解雇の原因となる客観的事実もないのに解雇を認めるわけにはいかないからである。

そうなると、解雇権濫用法理にとって主眼となるのは、⑵の「社会的相当性」という解雇の理由に関わる要件ということになる。「社会的相当性」とは、⑴「客観的合理性」のある事実に対し、「解雇」という最終判断をくだしても「仕方がない」「やむを得ない」という理由が存在するか、その時代ごとの社会通念を基準に判断することを意味する。解雇は、労働者の生活の基盤、収入源である仕事を奪うという意味で、究極の問題である。そのような問題に関しては、その必要性に関しても高度のものが求められるのである。では、その必要性を判断する基準は何かというと、これも**「保護事由」**と**「帰責事由」**なのである。

まず「保護事由」から見てみよう。使用者側と労働者側、それぞれに保護事由があることに気をつけなければならない。使用者にとっては、その労働者を雇用し続けることで起きるマイナス面の回避が保護事由ということになる。労働者にとっては、生活の基盤である仕事そのものが保護事由になることは言うまでもないだろう。

ここでは、使用者側が、労働者を雇用し続けることで生じるマイナス面をどれだけ立証できるかが重要になる。注意・指導を繰り返し、最後のチャンスを与えてもなお改善が見られない労働者や、重大犯罪を現行犯で犯した労働者などは、そのマイナス面が多大なものとなるため、労働者の「保護事由」を上回る会社側の「保護事由」が認められるだろう。

また、「帰責事由」についても同様に、使用者・労働者双方について考慮する必要がある。一度のミスで安易に解雇するような場合は、会社の解雇を権利の濫用として否定する「帰責事由」が認められるだろう。労働者側に関していえば、先ほどの使用者側の保護事由の裏返しを考えれば良い。つまり、注意・指導を受けても改善しないことや、重大な罪を犯したことは、労働者にとって解雇処分という責任追及を受けるだけの「帰責事由」となるのである。

このような判断が積み重ねられた結果、解雇権濫用法理が確たる存在となったため、まず**労基法**内に成文化され、**労契法**の制定とともに、**労契法**内に規定されるに至ったのである。労働法も**民法**が基本となっていることがよくわかるだろう。

これもまた、特別法である労働関連法規を理解するために、一般法である**民法**の理解が欠かせないという例の一つである。

2 権利の濫用の具体的な場面

では、どんな場合が権利濫用に当たるのか。具体的な事例として、権利濫用と年次有給休暇の時季変更権の例に基づいて説明しよう。

(1) 権利濫用と、年次有給休暇の時季変更権

退職届と同時に有給休暇の残日数の消化を申し出るようなケースを考えてみてほしい。突然退職願を出した上で、その翌日から退職日までの継続した有給休暇取得の申請をし、業務に欠かせない引継ぎなどの配慮を全くせずに退職していくような労働者がいたとする。たしかに、年次有給休暇の時季指定権は、労働者の権利であり、その時季選択や利用目的は労働者の自由に委ねられている。よって、労働者からの取得申し出を使用者側が退職直前であるという理由で拒否することは、原則としてできない。

しかし、業務引継ぎも行われないままの退職では、業務の正常な運営の妨げとなる可能性が多分にある。この際に「引継ぎをしっかりしてから退職をしてほしい」という時季変更権の行使を使用者ができれば良いが、退職日までの日数が当該労働者の有給休暇残日数

と同じか、それを下回る場合には、もはや変更すべき労働日が存在せず、問題となる。

果たしてこのような場合に、使用者は労働者の言いなりに有給休暇の取得を認めなければならないのだろうか？

これは、労働者の時季指定権と、使用者の時季変更権の衝突をどのように調整するかの問題である。判例は、当日になって年休を請求した労働者に関して、「その労働者の休暇に伴う代替え者の配置その他の対応措置を講ずることを困難にさせ、さらに事情によっては、使用者が時季変更権を行使しようとしても、それを行使しうる時間的余裕を与えられないこととなるから、正当な権利の行使と認められないので、かかる当日の年次有給休暇は、拒否することができる」**（此花電報電話局事件　最小判　昭57・3・18）**としている。つまり、有給休暇の時季指定権が労働者の権利であるとしても、社会通念上、それを行使することで使用者の事業の正常な運営を著しく阻害すると認められる場合には、権利の濫用となり制約されうることになる。

先の事例の場合にも、本判例と同様な扱いをすることが可能ではないだろうか。すなわち、退職予定者の申し出が信義則違反ないしは権利の濫用と判断できる客観的事実が存在する場合には、使用者が労働者に対し、年次有給休暇の時季指定の請求が拒否できるものと解される。

たとえば、退職申告時期・申告の様態、担当部署の繁閑《いそがしさ》、職種の代替性の可否、従来の年休の取り扱いといった事実から、使用者側と労働者の事情を総合的に勘案して、権利の濫用か否かを判断するのである。

たとえ権利といえども、無制限にその主張が許されるものではなく、社会通念上合理的な範囲内なものに制限されることを、権利の濫用を禁じた**民法第1条第3項**は示しているのである。

(2) 配転拒否と権利濫用

次に、配転拒否と権利濫用が問題となった事案を考えてみる。

配転命令は会社の業務命令であるから基本的に拒否することはできない。これを拒否することは**業務命令に背くこと**になり、多くの場合、配転命令違反は**解雇事由**となっているであろう。

しかし、あらゆる場合にこれが解雇事由となるわけではない。使用者が有効に配転を命じるためには、配転命令権が労働協約や就業規則の定めなどによって、労働契約上根拠付けられていることが必要である。

たとえば、就業規則上に「業務上の都合により配転を命じることができる」旨の規定がある場合、同規定は一般的には幅広い能力開発の必要性や雇用の柔軟性の確保の要請から合理的なものと解釈され、配転命令権が基礎づけられうる。もっとも、職種や勤務地を限定する明示ないし黙示の合意があるときには、配転命令権は、その合意の範囲内のものに限定される**（労契法第7条但書）**。

そして、使用者に配転命令権が認められる場合においても、その行使には権利濫用法理による制約が課されることになる。そして判例は、配転命令が権利濫用になるような場合には、業務命令といえども拒否できるとしている。権利濫用という概念は、このような場面においても調整を図っている。

東亜ペイント事件（最判 昭61・7・14）で最高裁判所は、**①配転命令の業務上の必要性、②配転命令の目的・動機、③不利益の程度を総合的に考慮して、特段の事情が存在する場合でない限り、配転命令は権利の濫用とはならない**と判断した。では、以下のような事案ではどのように考えればよいだろう。

会社Yは、リーマンショック以降、グループ全体で厳しい状況となり、人事広報部が退職勧奨による人員合理化を進めることとした。Y社部長は、原告Xに対し、技術者としての能力はあるものの、他の同僚らとのコミュニケーション能力に問題があると説明し、社外で能力を発揮した方が良いとして、退職勧奨の対象となっていることを告げた。Xは、理由には納得がいかないから辞めたくないとの意向を示した。部長は、従業員は仕事を選べないのであり、今後は不本意な仕事をすることになること、今後Yからの業務命令に従わないと、懲戒になり得ることを告げた。部長および応用研究部の統括部長は、Xに対し、菓子チームに異動となることを告げ、差し当たり検査などを行うことという業務命令をした。部長は、給与をはじめとして待遇面での変化はないこと、将来はともかく、現在では降格ではないことを説明したが、Xは本件配転命令には従わない意思を表明した。Xは、コーヒーに関する業務に強い自負を有しており、経験も豊富であるので、それから外されるのは不利益であると心情的に考えていた。

同日午後1時ころ、Yは、Xに対し、Xが本件配転命令に従わず、職場で勝手な業務を行ったとして、譴責処分（第1譴責処分）をし、至急に始末書の提出を命じたが、Xはこの後も従前の業務を継続した。

同日午後3時ころ、Yは、Xに対し、異動前の業務に従事することは、業務妨害に該当するとして、第2譴責処分をし、同日中に始末書を提出することを命じた。その後も、Xは、従前の業務を継続した。部長は、Xを呼び、このまま従前の業務を行っていたのでは解雇という結果となるから本件配転命令に従うように説得した。10分以上押し問答の間に、Xが、訴訟提起の予定を告げた。部長は、Xに対し、菓子チームに机は準備しておくから、翌週来るようにと告げた。それにもかかわらず、Xは翌朝から従前の業務を行った。Yは、Xに対し、第3譴責処分を出し、出勤停止として自宅待機を命じた。Yは、就業規則に定める社内手続に則り、同日付け書面で、退職を勧告し、これに応じないときは懲戒解雇になる旨を告げたが、Xがこれに応じなかったので、本件懲戒解雇の書面をXに交付した。

そこで、Xは本件懲戒解雇は違法無効であると裁判所に訴えた。

では、本件懲戒解雇は違法といえるか。これはひとえに配転命令が権利の濫用にあたるか否かによる。権利の濫用にあたるようであれば、原告であるXが配転命令を拒否することは適法であり、なんら違法のない配転命令拒否に基づく懲戒解雇は違法となるのである。

以下、判例に沿って見てみよう（ジボダンジャパン事件　東京地判　平23・10・31）。

a　本件配転命令の違法性の有無

被告であるY社の就業規則には、業務上の必要性に応じて、その従業員に対して、職務内容の変更を決定すると規定されており、原告・被告間には、職種限定契約などの被告の配置転換権を制限する合意を窺わせる事情は存しない。

そうすると、原則として、被告には、従業員である原告の職務内容を決定し、原告に対し、権利濫用に及ばない限り、配置転換権を行使する権限を有している。

そして、配置転換で必要とされる業務上の必要性とは、余人をもって替え難いという高度なものである必要はなく、労働力の適正配置、業務運営の円滑化などの事情で足りるものと解するのが相当であり、上記認定事実によれば、被告では人員合理化が必要となり、関係する複数の従業員から原告の職務内容に関する事情を聴取して、最終的に原告を欠いても、飲料・乳製品チームでの業務に支障はないとの判断をしたものであり、労働力の適正配置および業務運営の円滑化という観点から、原告に対して本件配転命令をすることに関しては、上述の意味での業務の必要性は認められるというべきである。そして、現に、現在の飲料・乳製品チームでのコーヒーに関する業務は、原告を欠いた状態で遂行されていることを考えれば、上述の業務上の必要性を肯定することができる。

上記認定事実のとおり本件配転命令は、原告の権利である給与や職能資格などには変更がなく、勤務場所の変更は被告の本社東館X階からX階に移動するものであることを考えれば、原告の労働契約上の権利としての不利益性はなく、本件配転命令が権利濫用に該当すると評価できない。

なお、上記認定事実によれば、原告は、コーヒーに関する業務に強い自負を有しており、それから外されるのは不利益であると心情的に考えているのであるが、労働者には、原則として就労請求権は認められないのであり、使用者が、労働者の得意分野の職務を担当させなければ違法性が生じると解するだけの根拠は存しないのであるから、原告の心情的な不利益を根拠に権利濫用を認めることはできない。

原告は、本件配転命令は、退職勧奨に応じなかったことに対する嫌がらせと、原告を自主退職に追い込む目的のためのものであると主張する。

しかしながら、上記判断のとおり、本件配転命令が、原告に対する退職勧奨との関連性はあるものの、原告を欠いても被告が想定する水準のコーヒー関係の業務には支障がないという被告の経営判断が存し、応用研究部の菓子チームに従前と同様の職種で配転することが、原告にとってことさらに嫌がらせ目的であると評価することはできない

また、上記認定事実のとおり、原告は、本件配転命令時に、これに従う態度を寸毫も示すことがなかったのであるから、本件配転命令を、自主退職に追い込む目的であったと認めるのは困難である。

ちなみに、原告は、懲戒解雇により退職に追い込まれているが、上記認定事実のとおり、部長は、使用者である被告の命令に従わなければ、懲戒を受けるおそれがあると原告に告げ、被告の配転命令に従わなければ解雇になり得ると告げていることに照らせば、懲戒解雇に追い込む目的の配置転換との認定もまた困難である。このように、本件配転命令が、不当な目的のために行われたと認定することは困難なのであり、この点からも、本件配転命令の権利濫用性の根拠は存しない。

b 懲戒解雇事由の存否

上記認定事実によれば、原告は、本件配転命令の発令予定を部長から告知された際、明確にこれを拒否していること、部長から本件配転命令を告知された際も、これを拒絶していること、被告による第1譴責処分を告知された後に、本件配転命令には従わず、その態度は、第3譴責処分および出勤停止命令に対しても同様であって、出勤停止命令に従わな

い行動を取っていることが認められる。原告が、このように、第1～第3譴責処分および出勤停止命令に従わない意思を極めて明白に表明している以上、懲戒処分に服する意思は認められないのであり、就業規則上の解雇事由に該当することは明らかである。

C 本件懲戒解雇の相当性

上記判断のとおり、原告の行動は、適法に発せられた本件配転命令について、正面からこれに従わない意思を表明し、認められる余地のない従前の業務への就労請求権を、いわば自力救済的に実現しようとし、譴責処分によって3回にわたり翻意する機会が与えられたのに、それを聞き入れようとしなかったものであり、自らの意向に沿わない使用者による指揮命令に従わないとする原告の明白な志向が現れていること、上記認定事実によれば、部長は、原告に対する説得に追われ、苦情などが部長のもとに寄せられるなど、被告の職場の業務が混乱していたと認められることに照らせば、本件懲戒解雇には、相当性があるというべきである。

原告は、飲料・乳製品チームの他の従業員と普通に会話していたから、業務に混乱は存しないと主張する。しかし、上記認定事実のとおり、原告が、他の応用研究部の飲料・乳製品チームの従業員に話しかけた際、他の従業員が応答をしたというだけであり、これによって、混乱がなかったとして、上記判断を覆すだけの事情は認められない。

原告は、本件懲戒解雇は、手続的に違法であり、第1譴責処分に対する原告の意見書の受領が拒絶されたことが、違法であると主張する。仮に、懲戒解雇の処分を受ける者が、告知と聴聞を受ける機会がなければ違法になるという見解に立つとしても、上記認定事実のとおり、本件においては、原告は、一貫して部長をはじめとする被告の従業員から、本件配転命令および第1～第3譴責処分に従うべきであるとの告知を受けながら、明白にこれを拒否しており、しかも、原告は、退職勧奨の理由が十分ではないことから、本件配転命令および第1～第3譴責処分は違法であるとの主張を、再三再四行っていること、同年のやり取りは、現にその行動を行っており、その際の原告の主張も、現に行っていることに照らせば、少なくとも、告知と聴聞の機会を失しているとは考えられない。

d 結論

上述のとおり、原告の行為は懲戒解雇事由に該当し、本件懲戒解雇を違法とするだけの事情は存しないから、原告の主張には理由がなく、また、それを前提とする原告の請求には、理由がないという結論になる。

第二章

人・能力

Live as if you were to die tomorrow
Learn as if you were to live forever
明日死ぬと思って生きなさい
永遠に生きると思って学びなさい

Scientia potentia est
知は 力なり

1 能力――民法の対象となる者――

民法を学ぶにあたって、まずその法規の対象となる「人」の話をしよう。**民法**は**私的自治の原則**をとっていると先ほど述べたが、この私的自治というものはいわば弱肉強食ということである。

すなわち、自分のことは自分で守るということが前提となっているのである。そうだとすれば、この**民法**の主役となるべき対象者は自分のこと自分で守れるような人物でなければならない。すなわち、**民法**の主役となるには様々な資格、つまり、能力が要求されることになる。以下でその「能力」について解説する。

まずは**「権利能力」**である。これは**民法**上の権利義務の帰属主体となることができる地位のことである。動物や植物は権利義務の主体とは認められないが、人や会社は権利義務の主体となる。

次に**「意思能力」**を説明しよう。意思能力とは自分が行った行為の結果を認識できるだけの精神能力をいう。自分が行った行為の結果がどのような結果になるかわかる者でなければ**民法**の主体とはできない。だいたい7歳から10歳程度の精神能力をいうとされている。これを欠いた者の行為は「無効」とされている。後に具体例を踏まえて詳述する。

そして、**「行為能力」**であるが、これは契約などの法律行為をするに足りる能力をいい、これを欠く者の法律行為は取り消すことができるとされている。判断能力の低い者につき、画一的な基準を設けてこれを**「制限行為能力者」**（未成年者・成年被後見人・被保佐人・被補助人など）とし、その者が自らした行為を一定の要件のもとに取り消しうるとし、判断能力の低い者を保護しているのである。未成年が会社と雇用契約を結ぶ場合、まだ世間を知らない未成年者は仕事の内容もよくわからず契約を締結してしまう場合がある。

このようなことから未成年者を保護する必要があるため**民法**は未成年者の側から当該契約を取り消すことができると定めているのである**（民法第5条第2項）**。契約を有効とするには、法定代理人の同意が必要とされている**（同条第1項）**。未成年を雇う場合に法定代理人の同意が必要とされているのはこのような民法の規定が存在するからである。

ただし、未成年者を含めた制限能力者が、ありとあらゆる行為を取り消せるというものではない。いかなる行為が取り消すことができないかは**「図解民法案内」（酒井書店第2版）**に詳しく書いてあるので参考にしてほしい。

最後に**「責任能力」**であるが、これは不法行為上の責任を判断することができる能力をいう**（民法第712条以下参照）**。5歳くらいの幼児は、石を投げて人にけがを負わせても不法行為上の責任の判断能力はないので、賠償責任を負うことはないのである。

2 意思能力について

ここで「意思能力」について、脳機能障害を負った従業員の退職という事例に即して詳しく考えてみよう。

事故で脳機能障害の後遺症が残ったXがいるとしよう。その後Xは、通院しながら自宅療養しており、記憶障害、秩序だった行動の遂行が困難になるというような状態にあったが、会社の人事担当がXの様子を見に来たとき、Xは健常な人と一見変わらない受け答えをしていたため、人事担当者はXに退職を勧め、Xもこれに応じ退職届を提出した。この場合、Xの退職の意思表示は有効といえるであろうか。また、事故の後Xに賃金が支払われていなかったとして、Xは会社に対し、賃金の支払いを請求できるかを考えてみたい。

1 退職の意思表示について

退職も雇用契約を解消するものであるから、**法律行為**であるといえる。そこで、その意思表示が有効といえるためには、Xは意思能力を有していなければならない。もっとも、Xは事故後記憶障害を引き起こし、秩序立った行動の遂行が困難な状態なのであるから、Xは自分のとった行動の法的意味を理解することができない状況、つまり、意思能力を欠いた状況にあったといえる。よって、Xによる退職の意思表示は無効となる。すなわち、Xは未だ従業員たる地位を有していることになる。これに似た裁判例（**農林漁業金融公庫事件 東京池判 平8・2・6**）においても、意思能力について同様に判断している。

2 賃金請求権について

労働契約は、労働者の労務の提供に対し、使用者が対価として賃金を支払う契約である。このように、契約当事者がお互い、対価的に債務を負担する契約を**「双務契約」**という。

双務契約においては、当事者の双方の責任によらず、一方の債務が消滅した場合には、他方の債務も消滅すると考えるのが公平といえる（**民法第536条第1項「危険負担」**※後述）。

よって、労働契約においても、労使双方の責任によらず、労働者が労務の提供をすることができなくなったような場合には、使用者は賃金支払義務など負わないということになる。

Xの状況を考えると、Xは就労能力を喪失しており、労務を提供することは不可能なのであるから、使用者の賃金支払義務も消滅し、Xは賃金の支払いを請求することはできないということになる。

3 問題点

以上の通り考えると、会社は賃金を支払う必要はないものの、労働関係は継続していることになる。そうだとすると、Xには就労する能力がないのであるから、会社としては早期に労働契約を終了させたいところであろう。では、具体的にこのような事件に直面した場合どうするのがよいだろうか考えてみたい。

(1) Xの能力に関する意見・診断の聴取

まずXの能力について、主治医などの意見を聴取すべきであろう。Xは、会社の担当者が様子を見に行った際に、通常と変わらない受け答えをしていたなどの事情があるにもかかわらず、「意思能力なし」との判断がなされているので、素人が外見と一見した様子のみで判断することは危険である。

(2) Xの能力の回復可能性についての意見・診断の聴取

能力の回復可能性についても、医師の意見診断を聴取して検討する必要があるであろう。回復の可能性があり、かつ、就業規則に私傷病休職の規定があるならば、休職命令を発する必要が出てくる。

これに対し、就労能力の回復可能性がなければ、休職命令を発する必要はない。休職制度は、就労能力回復可能性が存在する場合に、一定期間解雇を猶予する制度だからである。

⑶ Xが就労能力もなく、回復の見込みも存在しない場合

Xが就労能力もなく、かつ、回復可能性もない場合、その時点で普通解雇できる場合にあたるといえるであろう。すなわち、就業規則によくある「精神又は身体に著しい障害があるため業務に堪えられない場合」に該当することになる。

ただし、意思能力がない以上、Xには解雇の意思表示を受領する能力が生じないことになる。解雇の効力を生じさせるためには、まず、配偶者などを通じて後見開始審判・成年後見人専任の手続き**（民法第7条、同第8条）**を踏んだうえ、選任された成年後見人に対して解雇の意思表示をする必要がある。また、後見人から退職の意思表示をしてもらうという手段もあろう。

第三章

民法の基本原則

Live as if you were to die tomorrow
Learn as if you were to live forever
明日死ぬと思って生きなさい
永遠に生きると思って学びなさい

Scientia potentia est
知は 力なり

1 法律行為概説

「法律行為」とは、法によって、行為者が希望したとおりの法律効果が認められる行為をいう。具体的には、意思表示を要素として、**私法上の権利・義務を発生・変更・消滅させる原因**である私人の行為をいう。

権利と義務という言葉については理解できても、その発生・変更・消滅といわれると、具体的にはすぐイメージできないかもしれない。たとえば、権利・義務が「発生」する場面としては、契約が締結されたような場合がある。契約については後ほど詳しく説明することになるが、ここでは労働契約（雇用契約）を例にして説明しよう。

労働者Xが「Y社でアルバイトとして働きたい（労働力を提供したい）」、使用者であるY社が「Xをアルバイトとして雇いたい（報酬を支払う）」という意思をそれぞれ表示して、二つの意思が合致すると、効果として労働契約が成立する**（民法第623条）**。そして、この契約から、様々な権利や義務が「発生」するのである。

Y社は、入社したXを社内のある部署に配属し、日々の業務を行うことを命ずることになるが、これは契約により会社に指揮命令権が「発生」しており、それに基づくものなのである。その部署でXが働き、契約に定める給料日が来れば、当然Xは「給料をください」とY社に対して言えるわけだが、これはXが労働に従事したことによって報酬請求権が「発生」しているからであり、その裏返しとして、Y社には報酬を支払う義務も「発生」しているからなのである。法律の中でも私法は、世の中を権利と義務という観点から規律するものなので、いつ、いかなる場面で権利や義務が「発生」したかを確認することは、非常に重要である。

さて、先程のXが非常に真面目に働いているのを見て、Y社はXを正社員として雇いたいと思ったとする。Y社の担当者から「来月から正社員にならないか」という意思の表示がなされ、Xが「ぜひお願いします」と返事をすれば、新たな契約が結ばれたことになるが、これにより、XとY社の間の権利義務関係は、アルバイト契約から正社員としての契約に「変更」されたことになる。そして、このXY間の権利義務関係は、Xが定年を迎えたり、自主的に辞職を申し出たり、あるいはYからの解雇通知などにより「消滅」することになる。

法律行為に話を戻すと、法律行為には、先程の例のように、二当事者間で約束事を定める「契約」、契約の解除や取消しといった、単独で法律行為を発生させる**「単独行為」**、複数人間の間で契約の効力を発生させる**「合同行為」**（多くは会社の設立）などがある。創業者ABCの三人の「合同行為」で設立されたY社と、労働「契約」を結ぶことでXが就職したものの、労働契約の締結の際に明示された労働条件と実際の労働条件が違っていたので、Xは「単独行為」の一つである解除を行って契約関係を解消した**（労基法第15条第**

2項）、というように、具体例と結びつけて法律行為を理解しておいてもらいたい。

法律行為に対するものとして、**「事実行為」**がある。これは、人の意思に基づかないで法律効果を発生させる行為をいう。

簡単な例をいえば、セブンイレブンでオレンジジュースを購入する行為は、法律行為のうち**「契約行為」**である。売買契約は、当事者の間の「これを売りたい」という申込の意思表示と、「これを買いたい」という承諾の意思表示の合致によって成立する。その結果、ジュースの売買の場合でいえば、代金の請求権とか、目的物であるジュースの引渡請求権が発生することになる。そして、その買ったジュースを飲み干すことは**「事実行為」**である。土地を買うのは**法律行為**であるが、その土地を検分しに行く行為は事実行為である。人を雇うのは雇用という法律行為であるが、雇用するために対象者を面接する行為などは事実行為となる。

すなわち、契約行為は法律行為であるが、契約に至るまでの様々な行為は事実行為である。労働問題に引き直せば、団体交渉事項に関し妥結したり、労働協約を締結したりする行為は法律行為であるが、団体交渉の交渉自体は事実行為である。なお、法律行為の代理を業としてすることは弁護士でなければできないが、事実行為の代理であれば、社会保険労務士もできる。この理論からいえば、社会保険労務士も団体交渉において、事実行為の代理をすることは可能となる。

1 契約

売買契約や賃貸借契約など、私法上の権利義務を発生させる原因である私人の行為を**法律行為**という。法律行為によって、法律的な効果は発生する。いわゆる**契約**というものは、当事者の意思表示の合致によって成立する法律行為である。売買契約でいえば、このダイヤモンドを売りたいという**申込みの意思表示**と、これに対して相手方がそのダイヤモンドを買いますという**承諾の意思表示**という対応する意思表示が合致することによって契約が成立することになる。ここで**「意思表示」**とは、一定の法律効果の発生を目的とする意思のことをいう。

今までの話を労働契約の場面に置き換えれば、労働者が会社に対し、「採用してほしい」と申入れ**（申込みの意思表示）**、これに対して会社が「採用します」と労働者を受け入れること**（承諾の意思表示）**で意思表示が合致することになる。すなわち、労働契約が成立し**（法律行為）**、労働者には労務提供義務が、会社には賃金支払義務が発生する**（法律効果の発生）**。

この意思表示に間違い、強制、制限などがある場合、法律効果の発生が制限されることがある。制限行為能力者については先に述べたが、意思表示に問題がある場合**（心裡《り》留保、虚偽表示、錯誤、詐欺、脅迫など）**については、後に詳述する。

2　単独行為

法律行為には契約などの、当事者の意思表示の合致によって完成するものもあれば、単独でできるものもある。これを**「単独行為」**といい、契約の解除や取消しといったものがある。契約の解除にも一方的な**「債務不履行解除」**と当事者双方納得の上で解除をする**「合意解除」**というものがある。前者は単独行為であるが、後者は解除契約という契約の一種である。労働問題の場面でいえば、前者が解雇で、後者が退職の合意などである。

2 意思表示

1　意思表示の意義

意思表示とは、「このお菓子をあげる（贈与する）」、「このパンを買う」などのように、一定の法律効果（権利義務関係の変動）を発生させようとする意思を他人に伝えるために外部へ表示する行為をいい、法がその意思に適った効果を認めるものである。簡単にいうと、意思表示は、**内心的な意思（効果意思）と外形的な表示行為**から成り立つのである。

しかし、ときには外部に表示されたことが内心的な意思と異なることがある。この「意思」と「表示」が不一致の場合はどうなるのか、そのような意思表示も有効なのか、それ

意思表示の構成要素

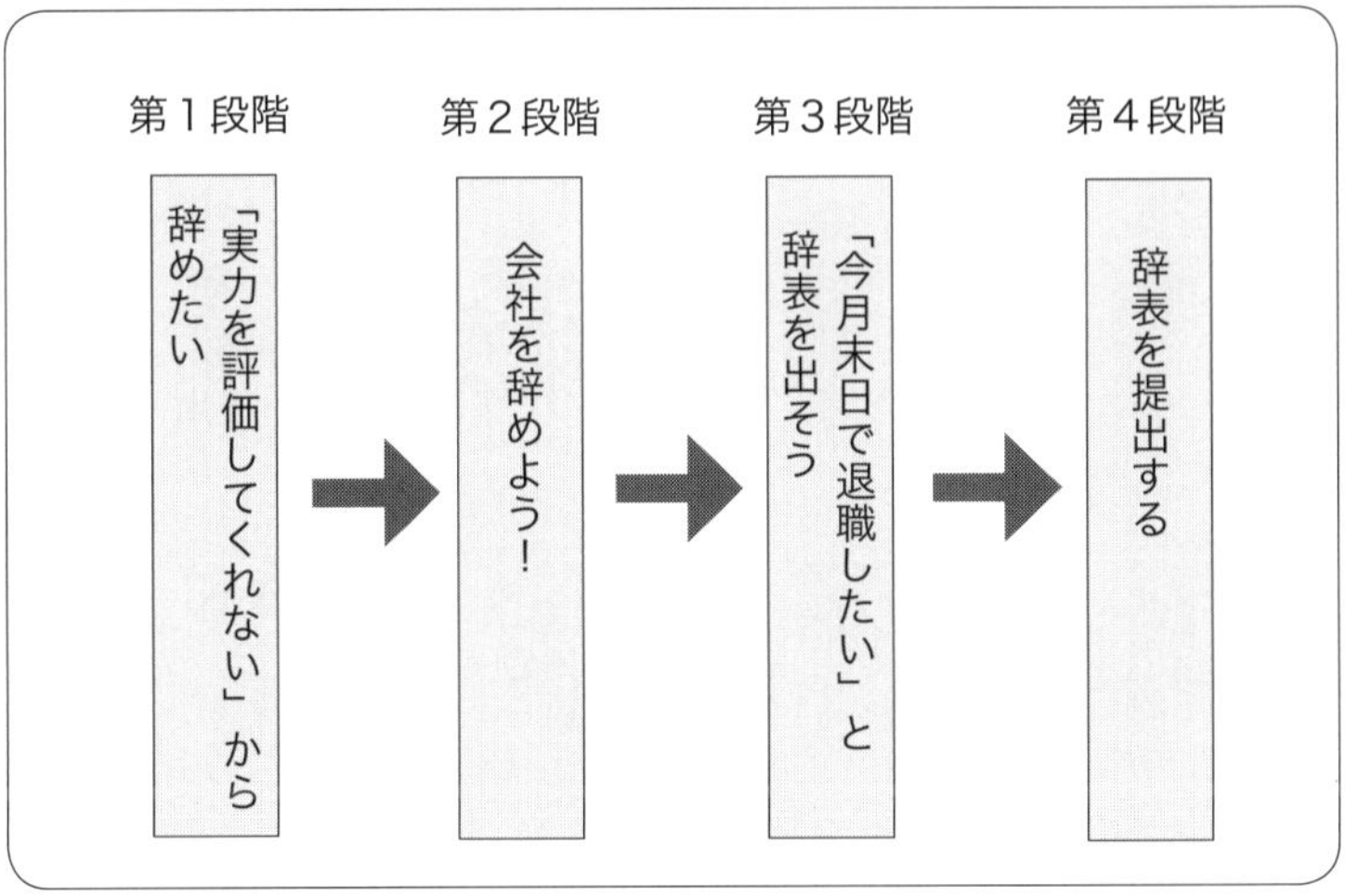

とも、無効なものとして扱うのか。この問題について、後に具体的な労働関係の事例を用いて説明する。

2 意思表示の内容

意思表示は、それがなされる心理的過程によって四つに分けて考えることができる。たとえば、実力を正当に評価してくれないので、会社を辞めようとするサラリーマンのことを考えてみると、第一段階には、「実力を正当に評価してくれないので、会社を辞めたい」という**「動機」**がある。

次に、「会社を辞めよう」と、意思を内心で決める。これが第2段階の効果を欲する意思、つまり**「効果意思」**である。

それから、「一身上の都合により、今月末

日で退職したい」ということを表示しようとする。すなわち、効果意思を外部に表示しようとする意思であって、これが第3段階**「表示意思」**となる。

最後に「一身上の都合により、今月末日で退職したい」との辞表を、実際に会社へ提出する。これが第4段階の**「表示行為」**となるわけである。

3 申込みの誘引

意思表示の合致によって法律行為がなされることは説明した。それでは、このような場合はどうであろうか。

たとえば、会社がアルバイトの求人を広告に出していたとしよう。「時給1000円で雇います。軽作業で職歴・学歴不問！　やる気のある人ならOK！　採用係までご連絡を！」とあった場合、これは申し込みの意思表示であるといえるであろうか。そうだとしたら、この広告を見た者が、この会社の採用係に電話して、雇ってくださいといった時点で承諾の意思表示があったとされ、意思表示の合致があるため契約が成立してしまうことになる。しかし、これは明らかにおかしい。

会社は、通常、採用面接をして、労働者の人柄や能力を見極めて、会社にとって必要な人材であると判断した場合に初めて雇おうと思うのであるから、求人広告は「労働者を募る」ものにすぎないのである。タクシーの客待ちやお店の商品を陳列するようなことについても同様のことがいえるであろう。

このように、「他人を誘って申込みをさせようとする意思の通知」を**「申込みの誘引」**といい、**「申込みの意思表示」**とは区別される。会社によるこのような申込みの誘引に応じて、労働者が応募をし、会社が採用を決定することで、初めて労働契約が成立することになる。

契約の成立、すなわち、意思表示の合致があるか、それが意思表示なのか否かは、社会常識や慣習などによって個別具体的に判断される。契約書などの書面が必要だと思われている方も多いだろうが、この意思表示の合致には、特に書面は要求されてはいない。ラーメン屋でラーメンを食べる時に、契約書は交わさないであろう。食券は領収書にすぎない。

しかしながら、契約書や領収書は、意思表示の合致があったことを強力に証明するものであることは確かであるので、法律効果を及ぼす契約を締結する場合には、必ず何らかの形で意思表示があったという証拠を残しておくのがよいであろう。

なお、正式な採用通知に先立って採用内定通知を行う会社もあるが、採用内定関係について最高裁判所は、採用内定通知の他には労働契約締結のための特段の意思表示が予定されていないことを前提に、企業からの募集（申込みの誘引）に対して、労働者が応募したのは、雇用契約の申込みであり、これに対する企業からの採用内定通知は、その申込みに対する承諾であるとして、これによって両者間に**始期付解約権留保付労働契約**が成立すると判示している（**大日本印刷事件　最判　昭54・7・20**）。これは内定の法的性質に関する問題も含んでいるから、次で簡単に説明する。

4 内定について

意思表示と申込みの誘引について説明してきたが、ここで**「内定」**というものがどのような性質を有するかを説明したい。

一般に、会社が労働者を募集し、応募者を面接した結果、その者を雇うことを一応決定し、その旨を通知することを「内定」と呼ぶ。では、この契約締結とも申込みの誘引ともつかない内定という状態は一体どのような状態をいうのであろうか。

学説上は、⑴内定は労働契約の締結過程にすぎず、未だ契約は成立していないとする**締結過程説**、⑵将来の労働契約の予約であるとする**予約説**、⑶内定により労働契約は成立しているとみる**労働契約成立説**といったものが存在する。

内定が会社から一方的に取消された場合、⑴・⑵は未だ労働契約は締結されていないので、債務不履行・不法行為による損害賠償の請求ができるにとどまり、⑶について労働契約は成立しているため、内定の取消しは解雇にあたるから、その無効を主張して、契約関係の存在確認を求めることができることになる。
最高裁判所は**大日本印刷事件（最判 昭54・7・20）**において、内定の実体は多様であるため具体的な事実関係に即してその法的性質を判断しなければならないと述べた上で、当該事案においては、採用内定通知によって**始期付解約権留保付**（解雇する可能性があることをあらかじめ予告しておく）**の労働契約**が成立したと判断し、留保解約権の行使は内定取消しにあたり、客観的に合理的で社会通念上相当として是認することができる場合に限り認められるとした。採用内定により労働契約が成立している以上、その後の使用者による一方的な解約は解雇にあたり、内定取消しにも解雇権濫用法理が適用されるとの構成がとられたのである。具体的には、成績不良による卒業延期、健康状態の著しい悪化、虚偽申告の判明、逮捕・起訴猶予処分を受けたことなどが内定取消事由としてあげられる。これに対して、会社の経営悪化を理由とする内定取消については、その合理性・相当性がより具体的で厳しいチェックがなされることになる（**整理解雇法理**という）。

5 意思表示の効力発生時期

(1) 到達主義

意思表示は、原則相手方に到達したときに効力を生ずるとされている**（民法第97条第1**

項）。これを**「到達主義」の原則**という。意思表示の効力発生時期について、当事者が同じ場所で対話をしている場合には、それほど大きな問題は生じない。

たとえば、採用予定者が当日直接面接会場を訪れ、面談の結果、使用者がその場で採用を決定した場合には、その場で申込と承諾が行われたことになるので、契約は直ちに成立することになる。

しかしながら、当事者が離れたところにいて、文書などでやり取りする場合**（隔地者間の場合）**には、意思表示がいつの時点で効力が生ずるのかという点は重要な問題である。これについて**民法**は「到達主義」を原則としている。すなわち、契約の申込みにもその原則が適用されることになるのであるから、申込みについては、相手方にその申込みが届いたときに意思表示がなされたとされるのである。

しかし、平成29年の民法改正（令和2年施行）では、「隔地者」に限定せず、意思表示は相手方に到達した時に効力を生じると規定された。

⑵ 意思表示の撤回

では、意思表示をしてみたものの、後に心変わりして意思表示をなかったことにしようという場合、**「意思表示の撤回」**について説明しよう。

たとえば、次のような事例を考えてもらいたい。従業員Xは、条件の良い転職先が見つかりそうであったため、上司である営業部長に退職届を提出した。当該営業部長は、退職届が提出されたことを社長に報告しないまま、Xと引継ぎなどについて協議していた。その会社には、職務分掌規定など権限の帰属に関する規定はなく、従業員の退職には、常に社長が退職届に押印して承認する手続きを取っていた。ところがその後、転職先との話がうまくいかなかったため、Xは退職届を撤回することにした。

このような場合、従業員Xの退職届の撤回は認められるであろうか。すなわち、Xは未だ従業員としての地位を有するといえるのであろうか。

① 原則

退職、つまり、労働契約の解消も、債務不履行に基づくものでない限り、会社と労働者との間の契約 **（解除契約）** であり、申込みと承諾によって「労働契約の終了」という法的効果が発生することになる。退職届の提出は、労働者からの労働契約の解約の申込みであり、これに対する会社の承諾があれば、労働契約が解約されることになる。

もっとも、契約の申込みについて到達主義をとっている以上、申込みが相手に到達したときに意思表示の効力が生じるのが原則であるから、いったん意思表示が相手方に到達した場合、その意思表示は有効となり、もはやその意思表示の撤回は許されなくなる。

すなわち、相手方の承諾により確定的に法律効果が発生することになるのではあるが、解約の申込み自体は、その申込みが相手方に到達した時点で確定的なものになり、その意思表示を自ら取り下げることはできなくなるのである。この時点で、申込みをした者は相手方の返事待ちをしている状態にある。

しかしながら、いつまでも意思表示の撤回ができないとするのは、合理的ではない。そこで民法は、承諾期間を定めずに行った申込みに関して、相当な期間経過後は撤回が許されることとした**（民法第525条第1項）**。

② 事案の検討

さて、今までの議論も踏まえて、先ほどの事例に当てはめて考えてみよう。意思表示は通常明示的に行われるが、それが明示ではなく為される場合、すなわち黙示において意思表示が為されることもある。特にはっきりと意思表示をしないが、全体的に見れば意思表示をしていると認められる場合である。これを**「黙示の意思表示」**という。本件では、従業員が退職届を提出し、権限のある人事部長が何も言わずその届出を受理している。退職の届出を受理する行為は、明示的にその退職を承諾するものではないが、黙示的にその承諾があったものと考えることもできる。

もっとも、会社には営業本部長の権限に関する定めがなく、かつ、従業員の退職については社長が押印して承認するという手続きがとられていたのであるから、このような手続きがとられておらず、営業部長が退職届を受理しただけの段階では、会社が退職の申込みを承諾しているとはいえないであろう。似たような事案で、裁判例**（岡山電気軌道事件 岡山地判 平3・11・19）**も同様の結論を導いている。

このような黙示の承諾に関して、労働関係においては労働者に有利になるように修正されている。

労働事件の中にこのような事案がある。ある会社の経営陣が管理職全員を招集し、管理職の賃金を20パーセントカットすることを伝え、これらの事項について出席者の意思確認を取ることなく賃金が減額して支払われたが、管理職側は特に異議を申し立てずにこれを受け取った。この場合、管理職たちは賃金のカットを黙示に承諾したといえるだろうか。

これについて判例は、**労基法第24条第1項が賃金全額払の原則**を定めており、これは不当かつ一方的な賃金控除から労働者の経済生活を保護するための規定であることから、賃金カットについては、その承諾が**労働者の自由な意思に基づいてされたものであると認めるに足りる合理的な理由が客観的に存在するときに限り**、その黙示の承諾を有効とすると判示した。そして、本件においては黙示の承諾を認めるに値する合理的な理由が客観的に存在するとはいえないとしたのである。

すなわち、労働者が黙示にでも同意したというためには、労働者が十分納得して同意していると外形的・客観的にわかる状況が必要だということになる。この点において、**労基**

法は労働者を厚く保護しているといえる。

③ 問題

a 速やかな退職の受理

退職届がいったん提出されれば、会社は通常、顧客への周知を含めた業務引き継ぎを進め、補充採用のための募集を行うことになるから、その後に退職届の撤回がなされてしまうと、会社の業務に混乱をきたすし、余計な出費も余儀なくされることになる。

したがって、会社としては、退職届の撤回がなされないうちに速やかに退職届の受理を行うべきで、その後に退職届の撤回の申出がなされたような場合には、その従業員を必要とする場合には、任意に撤回に応じればよいのである。

これについては、次の点に注意しなければならない。

(a) 従業員の任免に関する権限を規定類で明確にしておく
(b) 承認に関する規定や手続きは、簡単なものにしておく
(c) 早急にルールに則り手続きを行う

こういったルール作りをしておくことで、退職に関する煩わしい問題が生じることを防止できる。

b 退職届の受理

たとえば、その事実がないのに従業員が「セクハラを受け、これ以上ここで働くことはできないので退職します。」と言ってきた場合、会社としては当該退職届を受理することをためらうかもしれない。セクハラなど根も葉もない事実であり、その退職届を受理することは、その事実を認めることになってしまうのではないかと考えてしまうからである。

結論から言えば、会社としてはまずはその退職届を速やかに受理し、労働契約の終了という法律効果を発生させるべきである。従業員がこのような問題社員(トラブルメーカー)で、セクハラなどの退職理由も明らかに虚偽の場合、このまま雇用契約を継続することは、さらなるトラブルを発生させ、会社を混乱させる原因になりかねない。

退職届の受理という法律行為は、**「労働契約を終了させることを承諾する」**という意味の法律行為であり、そこに記載されている理由付けを認めるかどうかは、また別の問題なので、退職届を受理したからといって、直ちに記載されている理由付けを認めることにはならない。ただし、後に訴訟になった場合に「退職届を異議なく受理したということは、会社がセクハラの事実を認めたことを意味している。」などという主張が従業員からなされる可能性があるので、退職届を受理すると同時に、「退職届は受理するが、その理由は認めない。」などと異議ある旨を、内容証明郵便などで明らかにしておくべきであろう。

c　発信主義

民法は到達主義の原則をとっており、申込も到達主義をとっていると説明した。この到達主義に対応するものとして**「発信主義」**というものがある。これは意思表示を発信した時に、その意思表示が確定的になるというものである。**民法**は、承諾の効力発生時期について、承諾を発した時に成立していると規定している**(旧法第527条第1項)**。

つまり、承諾の効力発生時期については**「発信主義」**をとっているのである(ただし承諾期間の定めのある場合で、承諾が承諾期間内に申込者に到達しないときには、申込は効力を失うとされていた。この点、改正民法では、**第97条第1項**について「隔地者」に対するという文言が削除され、広く意思表示一般について、到達時に効力が発生するとし、隔地者間の契約についても到達主義を貫徹することになった。すなわち、契約の承諾の意思表示の効力発生時期に関する規定が適用されることとなり、承諾の意思表示の効力は「到達時」に生じることになった。では、Aが申込発信後に申込みを撤回したらどうなるのか。**第527条**が改正された結果、Aが申込みを撤回した場合に契約が成立するかについては、AがBに出した撤回通知のBへの到達時と、BがAに出した承諾通知のAへの到達時の先後によって決まることになる。すなわち、撤回通知の到達が、承諾通知の到達より遅れたら、契約は成立する)。

承諾について発信主義をとるということは、申込みの意思表示に対する承諾の意思表示を発信した場合には、当該意思表示が、その後何らかの理由で申込者に到達しない場合にも、契約は成立していることを意味している。これは、返事をすれば即契約が成立するということになる。到達主義の例外となるが、民法は、迅速な取引関係の成立という観点から、承諾については発信主義をとるのが妥当と考えているのである。

d 到達主義と到達

(a) 到達とは

> **(意思表示の効力発生時期等)**
> **第97条** 意思表示は、その通知が相手方に到達した時からその効力を生ずる。

いままで民法は到達主義をとっていると説明してきた。ここで**「到達」**（民法第97条）について説明しよう。

「到達」とは判例上、**意思表示の内容が、一般取引通念上、相手方の了知可能な状態に置かれること**、すなわち、相手方の勢力範囲（支配圏）内に届くことを意味し、相手方が現に了知することは必要ではないと解されている。

したがって、たとえば、契約の相手方の郵便受けに書面が投函されたり、同居の親族や内縁の妻がその書面や意思を受領していれば、相手方が現実に内容を確認していなくても、相手方の了知可能な状態におかれた、すなわち、到達があったものと評価される。

(b) 労働問題と到達

労働問題に置き換えて考えてみよう。いま、X社の営業社員Yが、ある日突然会社を無断欠勤し、現在まで1週間が経過している。無断欠勤した当初、自宅に連絡を取ってYの妻に確認したところ、先週末から家を飛び出したきりで自宅にも帰っていないとのことであった。会社が貸与しているYの携帯電話にも連日連絡を取り続けているが、電源が切られており繋がらない状態である。

X社の就業規則では、懲戒解雇事由として、「無断欠勤が連続して14日以上となった場合」を規定しているため、X社としては、さらに1週間、Yから何の連絡もない場合には、Yを懲戒解雇処分したいと考えている。このような場合、どのようにしたらよいのであろうか。

この事例において、無断欠勤が14日以上連続した場合には、X社の就業規則上、Yに対する懲戒解雇事由が発生する。しかし、Yは失踪中であるので、直接解雇通知をすることはできない。

では、どうすればよいのであろう。X社が懲戒解雇通知をYに発送して、当該意思表示がYに到達したと評価できるような場合を考えてみる。

先述したとおり、**民法第97条第1項**の**「到達」**とは、意思表示の内容が、**一般取引通念上、相手方の了知可能な状態に置かれること**、換言すれば、相手方の勢力範囲内に置かれることであり、相手方が現に了知することを必要とはしていない。したがって、この事例においても、無断欠勤の開始から14日経過した時点でYに対する懲戒解雇通知をYの自宅に発送し、Yの妻がこれを受領すれば、実際にYが懲戒解雇通知の内容を了知しなくとも、法的には、X社の懲戒解雇通知はYに到達したと評価できるといえそうである。

しかし、これについても慎重に考えなくてはならない。妻に渡れば、それすなわち到達となるというように安直に考えるのはよくない。相手方が了知可能な状態とはどのような場合をいうのか、ある程度個別具体的に考える必要がある。

たとえば、会社が自宅に連絡を取って妻に確認したところ、すでに夫は以前から他に愛人を作って別の住居で生活しており、自宅には全く連絡のない状態が続いているというようなこともあろう。

また、そのような事情を理由として、法律上の妻が、夫に対する懲戒解雇通知の受領を拒否することもあり得るであろう。このような場合には、妻が住んでいる自宅をもって、夫に対する意思表示を夫自身が了知する上での勢力範囲内と評価することは困難である。この場合はむしろ、夫の生活の本拠である愛人宅宛てに通知を行うことも念頭に置かなければならない。

判例には、法律上の妻ではなくとも、同居している内縁の妻が意思表示を受領したことをもって、事実上の夫に対する意思表示の到達を認めたものがある。また、内縁の妻が事実上の夫に対する内容証明郵便を、夫が昼間不在であり、たまたま外泊していたに過ぎないという事情があったにもかかわらず、夫不在との理由で受領を拒否した場合について到達があったものとした判例もある。ここでは、夫が時々その同居先を訪問して2、3の通知書を受領していたという事情を重視している。

つまり、意思表示が相手方にとって了知可能な状態におかれたか否かという点を判断するうえで、相手方における現在の生活の本拠がどこにあるのかという点を重視していると評価することができるであろう。

その他、たとえば、一人暮らしの社員が失踪してしまい、現在の住居には誰もいないという場合に、両親が住んでいる実家などに書面を送付しても、当該社員が実家に戻っているなどの事情が存在しない限りは、意思表示が到達したとは評価できないであろう。

(c) 内容証明郵便と到達

では、次のような事例を考えてもらいたい。

Xがネット上の掲示板に、Yのプライベートに関する情報を書き綴っており、これを止めさせたいと思ったYは、後に訴訟に発展することも視野に、Xに対して内容証明郵便で、当該行為を行わないように忠告した。しかしながら、Xはその内容証明の受取りを拒否し、Yにつき返した。そのため、Xは郵便の具体的内容は知らないままであった。このように、相手が内容証明郵便の受取りを拒否した場合、法的な問題、つまり、到達があったのかについていかに考えるべきであろうか。

e 内容証明郵便を出すことの意味

まずは、内容証明郵便制度について簡単に解説しておこう。

内容証明郵便は、法律実務における意思表示でよく用いられる手法である。これは、いつ、いかなる内容の文書を、誰から誰あてに差し出されたかということを、差出人が作成した謄本（コピー）によって郵便局が証明する制度である。

内容証明郵便の効果について見ていく。

(a) 証拠力を得る効果

法的な効果が発生する重要な意思表示や通知の証拠を残したい場合に、内容証明郵便が利用されることになる。

(具体例) 契約の解除・取消し、クーリング・オフ、債権の放棄、時効の中断などの場合

(b) 心理的圧力を加える効果

内容証明郵便は、郵便局（郵便事業株式会社）が手紙の内容を証明してくれるだけなので、

文書の内容が真実であるかどうかを証明するものではなく、法的な強制力は存しない。

しかし、今後裁判に発展する可能性を示唆するなど、ある意味、宣戦布告ともいえる強い意志を表すものであるといえるであろう。内容証明郵便をもらった相手は、一般の感覚からすれば、心理的な圧力やプレッシャーを感じる。これを出すことにより、相手は行動を起こさざるを得ない状況になる場合があり、裁判を起こすまでもなく、自分の要求を相手に履行させる効果が期待できるのである。

(具体例) 貸金・売買代金の請求、損害賠償の請求などの場合

(c) 確定日付を得る効果

内容証明単独では「いつ相手方に届いたか」までは証明することができない。そこで、郵便物の「配達した年月日」を証明してくれる**「配達証明」**の制度を利用してこの点を補うことで、**確定日付を得る効果**が発生する。

(具体例) 債権譲渡の通知などの場合

f 本件の場合を考える

Xは平成25年の初旬にYからの内容証明郵便の受取りを拒否し、さらに、同年Yから提訴されたにもかかわらず、訴訟代理人である弁護士の内容証明郵便の受取りをも拒否していた。

「到達」とは、先にも述べたとおり、意思表示が相手の活動圏内に入ることである。すなわち、社会通念上一般に了知しうる客観的状態を生じたと認められることで足りる。

したがって、今回のケースのように、現実に相手の下に内容証明郵便自体が届いている場合には「到達」していると評価できるであろう。そうだとすると、相手方が受領を拒否した場合、相手方はその郵便の具体的内容を了知していない可能性はあるものの、到達の事実により意思表示は成立すると解するのが相当であろう。

では、内容証明郵便の受取りを拒否したということはどのように考えるべきであろうか。内容証明郵便の受取りを拒否したということには、法的に何らかの効力が発生するものではないが、裁判において、裁判官の心証を考えたとき、プラスの方向に向かないことは、まず明らかである。

なぜなら、裁判の前段階として、訴訟の相手方が「こちらの話を聞いてください。」と、公に記録を残す形で対話の申込みをしているのであるから、「私は知らない。聞きたくないから受け取らない。」とばかりに、受取りを拒否することは、裁判に臨む姿勢として、褒められたものではないからである。

もちろん正当な理由があるのであれば、この限りではない。

同様の事例におけるいくつかの裁判例も意思表示の到達を認めている。

東京地裁判決（平10・12・25）は、「XはYに対し、配達証明付内容証明郵便で本件貸金債務の催告書を送付したところ、Y事務所の事務員がその受取りを拒否し、その封筒表面に『受取拒絶』と記載してYの印鑑を押捺した上、その催告書がXに返送された場合において、本件催告は、Yの事務所に郵便局員が内容証明郵便を配達し、Yの事務所の事務員がその受領を拒絶したときをもってYに到達したものとみなし、催告の効果を認めるのが、時効制度の趣旨及び公平の理念に照らし、相当であるというべきである」と示したほか、古くは大審院判決も、内容証明郵便の受領拒否につき、意思表示は到達したと認定している（**東京地判 平5・5・21、大阪高判 昭53・11・7、大審判 昭11・2・14など**）。

第四章

意思表示における問題

Gnothi seauton
汝自身を 知れ

Cogito ergo sum
我想う 故に我あり

1 意思の欠缺《けんけつ》

1 心裡《り》留保（民法第93条）

(1) 意義

心裡留保とは、表意者が表示行為と内心の効果意思との不一致を知りながら、故意にする意思表示である。たとえば、労働者が使用者に対して本当は辞める気がないのに、「もう会社を辞めます」といったような場合が心裡留保にあたる。

(2) 要件

心裡留保が成立するためには、**①意思表示をすること、②表示行為と内心の効果意思が一致しないこと、③この不一致を表意者自身が知っていること**の三つの要件が必要である。

(3) 効果

原則として、表示行為どおりの効果が生じる。たとえば、前例のように、B（労働者）がA（使用者）に対して本当は辞める気がないのに「もう会社を辞めます」と言ったとすれば心裡留保にあたり、退職の効果としては有効となる**（民法第93条第1項本文）**。つまり、

Bは会社を辞めなければならない。

⑷ 民法第93条の趣旨（保護事由・帰責事由 参照）

以上のような効果が認められる理由を、その条文が想定する**保護事由・帰責事由**が何であるかを検討しつつ考えてみよう。**民法第93条**が以上のような効果を認めるのは、意思表示を受ける相手方が、表示行為どおりの効果が発生するものと期待しており、このような相手方（真意を知らない、又は知ることができないことを**「善意」**であるという）の期待を犠牲にしてまで表意者を保護する必要はないからである。Aとしては Bが辞める気がないことがわからないため、仮に表示どおりの効果が発生しないと混乱が生じることになる。そこで、相手方の取引行為に対する期待の保護、すなわち、一般社会取引における安全を図る必要があるのである。すなわち、相手方の取引が有効に成立していると信じたということが本条の保護事由であるといえるであろう。

ただし、相手方、つまり使用者Aが、労働者Bは本当は辞める気がないことを知っていた場合、又は辞める気がないことを知ることができた場合（このような場合を相手方が**「悪意」**であるという）には、Bの退職に関する意思表示は無効になる**（民法第93条第1項但書）**。このケースでは、悪意または有過失の（Bが辞めるつもりがないことを知っていた、もしくは知ることができた）Aを保護する必要はないので、真意に反したBの意思表示は無効となるわけである。つまり、Bの退職意思は、はじめからなかったことになり、Bは会社を辞めなくてもよいのである。これは、悪意・有過失の相手方には契約通りの効果を発生させてもよいとすることの表れである。悪意・有過失は帰責事由であるということになる。

(5) 退職の意思表示と心裡留保

ここで、退職の意思表示と心裡留保の関係について見ていきたいが、その前に、退職の意思表示について、簡単に解説する。その後で、判例に現れた具体例を挙げる。

① 退職願は意思表示となる

一般的に自己都合退職とされているものには、大きく分けて二つの形態がある。ひとつは、**従業員が単独で行う退職の意思表示**で、使用者の承諾のないものである。もうひとつは、**従業員が退職を申し出て、使用者がこれを承諾することで雇用契約を合意によって終了させるもの**である。前者の場合は、退職の意思表示の後2週間の経過で、原則として退職の効力が発生する**（民法第627条第1項後段）**。後者の場合は、使用者が退職を承諾した時点で効力が発生する。なお、後者の場合、使用者が退職の意思表示を承諾するまでは、従業員が退職の意思表示を撤回することは可能である。

退職願の提出は従業員からの労働契約解約の申込みであると解されており、会社がこれを承諾して意思の合致があった場合には、退職の合意が成立して労働契約は終了することになる。この場合の労働契約解約の申込みも**「意思表示」**であり、**民法**の意思表示に関する規定の適用がある。

②退職の意思表示と心裡留保

従業員から退職願が提出されて会社がこれを承諾しても、効力が発生しない場合がある。たとえば、従業員の退職に関する意思表示が真意に基づかないケースもその一つであるが、この場合、つまり、**民法第93条第1項但書**が適用されるときには、退職の意思表示は無効となる。

これは、退職の意思表示の撤回とは異なり、退職の意思表示に関する効力の問題であるから、たとえ会社が承諾していたとしてもその効力を否定できる。したがって、この場合、退職願を提出した従業員は退職しなくてもよいのである。

以下、具体的な事例を基に検討してみよう。

Y社の従業員Xは、業務上の取引先とトラブルを起こしてしまったが、Y社の上司に自分が正しい旨を力説し、謝意を述べなかったため、上司はXに反省の態度なしとして、反省文の提出および不提出の場合は辞めてもらう場合もある旨を告げるに至った。

解雇されることを恐れたXは、本気で謝意があることを示すために、実際には退職の意思はなく、働き続ける意思を有していたにもかかわらず退職届を作成し、上司に提出するとともに、「十分に反省しているので、働かせてほしい」と述べた。上司は「わかった」と述べるとともに、しばらくの間、自宅謹慎するようにと指示し、Xは待機していたが、その後突然、会社から退職に関する手続きが記載された文書が送付されてくるとともに、給与の支払いが停止した。

これに対して、Xは従業員たる地位の確認を求めて提起した訴訟において、会社は、「Xが自主的に退職届を提出し、会社がこれを正式に受理したのであるから、Xは既に自主退職している」と主張してきた。この主張は認められてしまうのであろうか。

これと同様の事案で裁判例は以下のように判断している。

関連判例　昭和女子大事件（東京地決 平4・2・6）

【事実】 従業員が学長とトラブルを起こし、その解決のため提出された退職届による退職の意思表示が真意に基づくものではないので心裡留保に当たるとして、従業員から退職の意思表示は無効であるとの主張があった。

【判旨】 認定事実によれば、従業員は反省の意を示すために退職願を提出したもので、実際に退職する意思を有していなかったものと認められる。そして、本件退職願は、勤務継続の意思があるならばそれなりの文書を用意せよとの学長の指示に基づいたものであること、従業員は本件退職願を提出した際に学長らに勤務継続の意思があることを表明していることなどの事実によれば、学校側は、従業員に退職の意思がなく、退職願による退職の意思表示が従業員の真意に基づくものではないことを知っていたものと推認することができる。そうすると、従業員の退職の意思表示は心裡留保により無効であるから**(民法第93条但書)**、学校側がこれに対し承諾の意思表示をしても退職の合意は成立せず、従業員の退職の効果は生じないというべきである。

2 通謀虚偽表示(民法第94条)

ここで、一人ではなく複数で虚偽の意思表示を行う**通謀虚偽表示**について説明しよう。

> **(虚偽表示)**
> **第94条** 相手方と通じてした虚偽の意思表示は、無効とする。
> **2** 前項の規定による意思表示の無効は、善意の第三者に対抗することができない。

(1) 意義

通謀虚偽表示とは、複数の者が相通じて本心とは異なる虚偽の意思表示をなすことをいう。たとえば、使用者Aと労働者Bが相通じて雇用契約を締結する気がないにもかかわらず、雇用契約を締結したように見せかけるような場合をいう。

(2) 要件

通謀虚偽表示が成立するためには、**①相手方と通謀(相談など)すること、②虚偽の意思表示をすること**が必要である。

(3) 効果

通謀虚偽表示の効果は**「無効」**である。通謀虚偽表示を行った当事者間においては、表示に対応した効果意思が存しないということになる。

(4) 民法第94条第1項の趣旨(帰責事由)

以上のような効果が認められる理由を、その条文が想定する保護事由・帰責事由が何であるかを検討しつつ考えてみよう。**民法第94条**がこのような効果を有するのは、当事者間において表示に対応した意思がないことを知っており、そのような当事者間に当該意思表示の効果を発生させて拘束力を認める必要がないからである。

たとえば、先ほどの例のAとBが虚偽の雇用契約を締結していたという場合において、Aがハローワークに助成金の申請をしたとする。その契約を信じたハローワークの職員が、Aに対して助成金を交付してしまった。確かに、AB間の契約は外形上有効に成立し

通謀虚偽表示

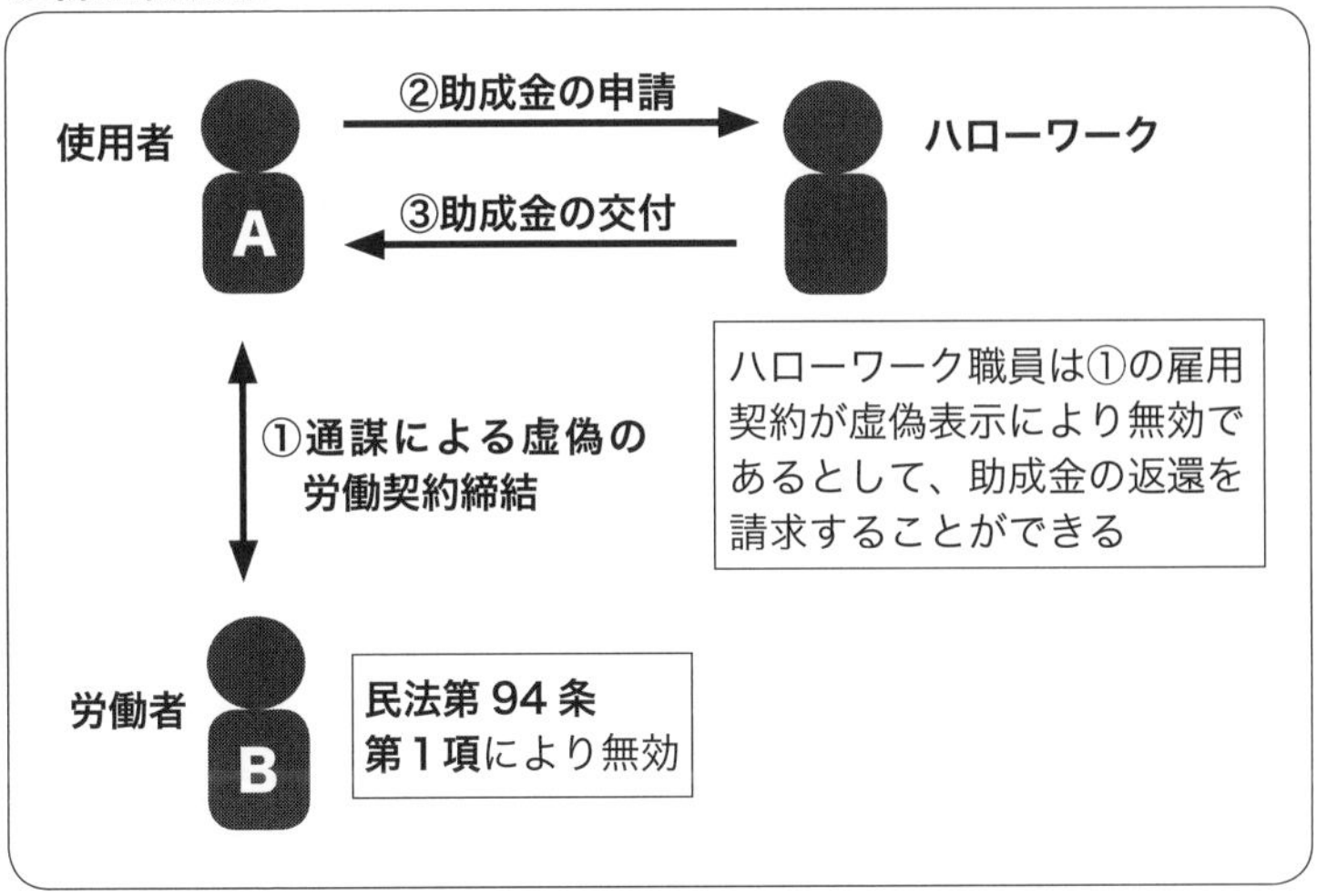

ているといえるが、当事者間でこの契約に基づく効果を発生させるつもりはまったくないのである。そうだとすれば、この契約に何ら効力は発生しない。しかし、助成金が欲しいからという自分勝手な都合によってこの契約が有効であるとの主張を許すのでは、契約の有効性は契約当事者の勝手次第ということになって、**社会の契約関係が不安定になってしまう**。すなわち、**法的安定性を害する**ことになってしまい、妥当ではない。そこで、このような契約は原則的に無効であるとしなければならない。そもそも契約とは、契約当事者間を拘束するものであるから、両者に契約を結ぼうという意思がないのであれば、拘束力を及ぼす必要もないのである。すなわち、当該規定は虚偽表示を行った当事者の帰責事由を定め

た規定であるといえる。よってハローワークの職員は、ＡＢ間の雇用契約は通謀虚偽表示により無効であるから助成金を返還せよと請求することができるということになる。

⑸　民法第94条第2項の趣旨と善意の第三者（保護事由）

民法第94条第1項で作出された虚偽の意思表示に対して、新しく、独立して法律上の利害関係を結んだ者がいた場合、どうなるであろうか。

たとえば、先ほどのＡＢ間の虚偽の雇用契約を信頼して、労働者Ｂの債権者Ｃが雇用契約によって支払われる賃金について差押えをしたとする（労働法上の制限は考えないものとする）。**民法第94条第1項**の原則からいえば、ＡＢ間の契約は無効であるから、賃金債権も発生せず、Ｃの差押えは無効であるということになろう。

しかし、これを許していては、**当事者内部の取り決めによって、すなわち、外部の者にはわからないAB間の約束によって、新たに結んだ法律関係が無効になったり、有効になったりするので、こういった契約関係を新たに結ぶ者が後から害されることになってしまう。**これでは安心して取引などできたものではない。そこで、**取引の安全を図るため**に、**民法第94条第2項**は、当事者間の意思表示が通謀虚偽であることにつき**善意である者**を害することはできないと規定して、新たに取引関係に入る者を保護している。すなわち、**民法第94条第2項**は第三者の取引安全という保護事由を定めたものであるといえる。

通謀虚偽表示（善意の第三者）

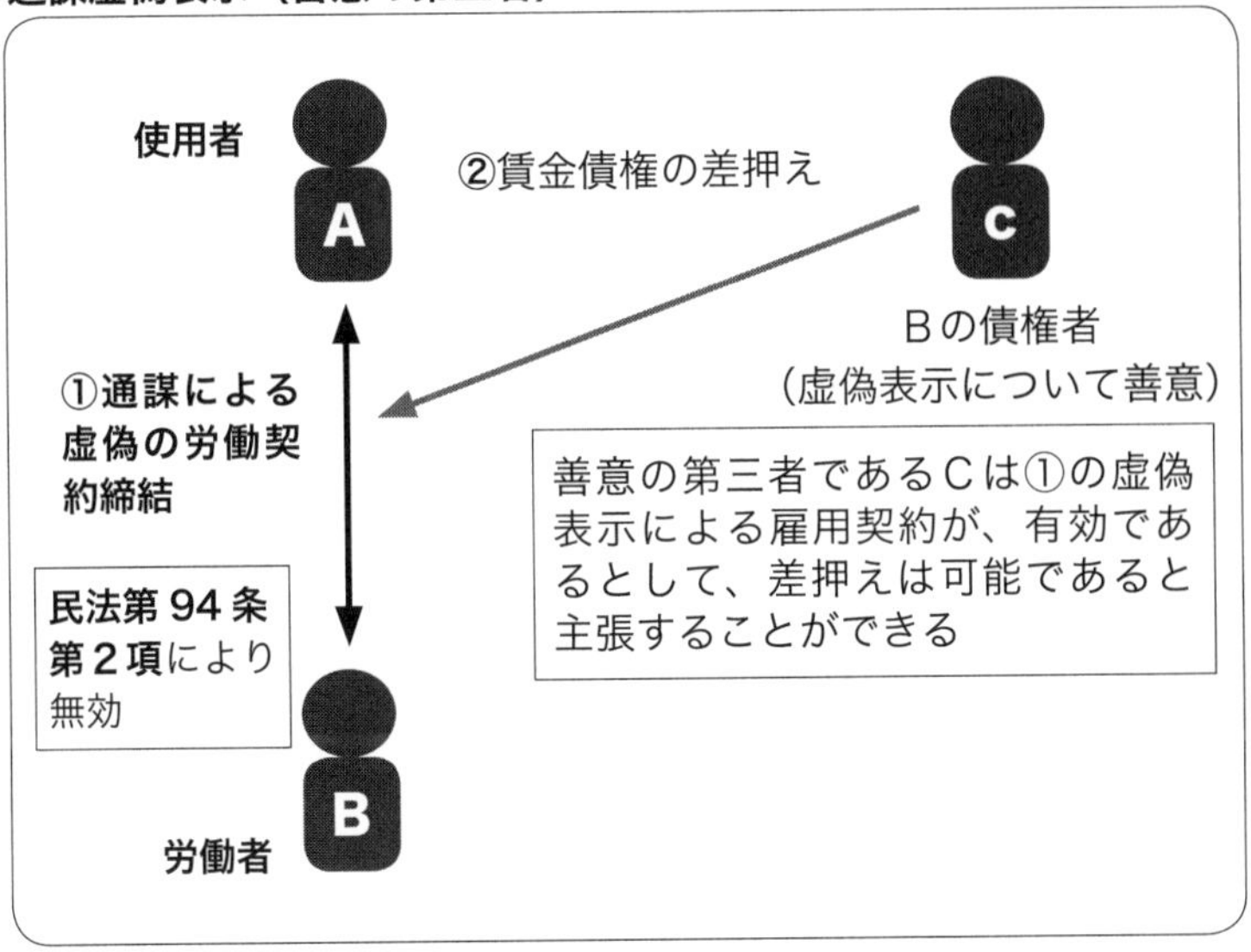

先ほどの例からすれば、Bの賃金債権を差押えたCが、AB間の雇用契約が通謀虚偽表示であることについて善意であれば、Cを害することはできないので、ABは雇用契約が虚偽表示により無効であると主張することはできないということになる（何故なら、無過失を要求しないのは、通謀して嘘の表示をでっちあげるという態様が悪質であるため、無過失まで要求するのは第三者にとって酷だからである）。反対にCが、AB間の雇用契約が虚偽であることを知って差押えをしたのであれば、Cは善意の第三者であるとはいえないので、Bにおいて差押えは無効であると反論することができる。なお、この善意・悪意の判断時期は、新たに

法律関係に入った時点である。すなわち、差押えの時点である。このあとに、XY間の契約が虚偽であることを知っても何ら影響はないことに注意しなければならない。

⑹ 権利外観法理

「権利外観法理」という考え方と絡めて説明しよう。

真実に反する外観が存在する場合に、それを作出した者に責めに帰すべき事由があるときには、外観（いま目に見える状態）どおりの権利関係を認める考え方を**権利外観法理**という。権利外観法理が認められるためには、**①虚偽の外観があること、②相手方がその外観を信頼していること、③真の権利者に帰責性があること**、という要件が必要となる。

たとえば、債権者Xからの追及を免れるために、AがBと通謀してAの土地の名義をBに移したとする。すなわち、通謀の結果、土地の売買という外観を作出している。Cはその事を知らずに、登記名義人であるBが真実の所有者であると信じて、Bからその土地を購入した。

このような場合、このAB間の売買契約は通謀虚偽表示にあたるから無効である。したがって、いまだ所有権はAの下にある。しかしながら、土地の名義はBになっている。そうであるから、現在の状態を外側から見ると（現実には登記簿を見ることになろう）、Bに所有権があるように見える。これを**「虚偽の外観」**という。これは、**保護事由・帰責事**

由でいうところの帰責事由に該当する。虚偽の外観を作出した者は不利益を受けてもやむを得ないであろうという判断となるのである。

次に、**「相手方の信頼」**であるが、この相手方とは、Bから土地を買ったCのことである。CはAB間の売買契約が無効であることを知らないのであるから善意である。つまり、Cは土地の登記名義人がBになっていることから、その土地はBのものであると信じてBから土地を買ったのである。これが「相手方の信頼」と呼ばれるものである。これは、保護事由であるといえる。権利の外観を信頼した第三者は不利益から保護してやる必要がある。

最後に、**「真の権利者の帰責事由」**について、**「真の権利者」**とは、Bと通謀して売買という外観を作り出したAである。**帰責性**とは、**責めに帰するべき事由**のことである。これは、自ら真実ではない外観を作った者が外観通りの責任を負うべきであるということである。この事例でいえば、仮装譲渡人Aは仮装譲受人Bに対し、譲渡は無効であると主張できるが、Cに対しては、CがBを所有者であると信じて譲り受けたのであるから、AはB間の譲渡は仮装譲渡で自己に所有権があるとして返還を請求することはできない。これは、外観を信頼したCを保護し、取引の安全を図り、その不利益を仮装行為を行った者に負わせるものであるからである。つまり、真実でない外観を作り出したことに責任のあるAは、その外観を信頼した者に対しては、外観が真実ではないとの主張は許されないのである。これはもちろん帰責事由を示すものである。

以上のような**「虚偽の外観」「相手方の信頼」「真の権利者の帰責性」の三つの要件**が備わった場合には、外観通りの権利関係を認めるという考え方を、**「権利外観法理」**という。法律の規定は、常にこのような**保護事由**と**帰責事由**とのせめぎ合いを整理して規定しており、これに該当する証拠が揃えば、その法律の規定に従った効果が認められることになる。これを裁判などの訴法実務において体系的に整理すると、いわゆる**「要件事実」**というものが浮き彫りになってくるのである。「要件事実」についてここで詳述は避けるが、興味がある方は**「要件事実講義」（中央経済社）**を参照して勉強してほしい。

3 錯誤（民法第95条）

次に**錯誤**について解説する。ここでも、退職の意思表示と錯誤の関連について考察する。その前に、錯誤について簡単に説明する。

（錯誤）
第95条 意思表示は、次に掲げる錯誤に基づくものであって、その錯誤が法律行為の目的及び取引上の社会通念に照らして重要なものであるときは、取り消すことができる。
一 意思表示に対応する意思を欠く錯誤

> 二 表意者が法律行為の基礎とした事情についてのその認識が真実に反する錯誤
> **2** 前項第二号の規定による意思表示の取消しは、その事情が法律行為の基礎とされていることが表示されていたときに限り、することができる。
> **3** 錯誤が表意者の重大な過失によるものであった場合には、次に掲げる場合を除き、第一項の規定による意思表示の取消しをすることができない。
> 一 相手方が表意者に錯誤があることを知り、又は重大な過失によって知らなかったとき。
> 二 相手方が表意者と同一の錯誤に陥っていたとき。
> **4** 第一項の規定による意思表示の取消しは、善意でかつ過失がない第三者に対抗することができない。

⑴ 意義

錯誤とは誤信、思い違いなどから、意思**（内心的効果意思）**と表示**（表示行為）**との間に不一致を生じ、それを表意者自身が知らない意思表示をいう。表意者が意思と表示の不一致を知らないという点で心裡留保の場合とは異なる。

⑵ 要件

錯誤が取消しとなる要件には、**①意思表示に錯誤（勘違い、書き違え、言い違い）があ**

ること、②意思表示が錯誤に基づくこと（**主観的因果関係＝錯誤がなければ表意者は意思表示をしなかったであろうこと**）、**③その錯誤が法律行為の目的および取引上の社会通念に照らして重要なものであること**（**客観的重要性**）、**④表意者に重大な過失がないこと**の4点である。

②③を**要素の錯誤**という。ここでいう**「要素」**とは、もし、その点に関して**錯誤がなければ、通常人であれば、そのような意思表示をしなかったであろうと考えられる「重要な事項」**である。この重要な事項について勘違いがあった場合に、はじめて取消しという扱いをされるのである。また、④における**重大な過失とは、通常人に期待される注意を規準にして、注意義務を著しく欠くもの**をいう。したがって、表意者にこのような重大な過失があれば、取消しにならないのである。

ここで**「動機の錯誤」**について説明しよう。錯誤は内心的に思っていることと、その意思の表示に食い違いがある場合のことであると説明した。すなわち、オパールを購入しようと考えていたにもかかわらず「トパーズをください」と言ってしまったような場合である。では、そもそも、その動機に食い違いがあった場合はどうであろうか。たとえば、土地の売買が行われた場合に、買主は、この土地を買うという意思の表示をするが、内心では、地下鉄の駅が近くにできて著しく値が上がると思って、土地を買い受けたところ、実は、地下鉄の駅などできる予定はなかったという場合に、錯誤取消しを主張できるのであ

錯誤

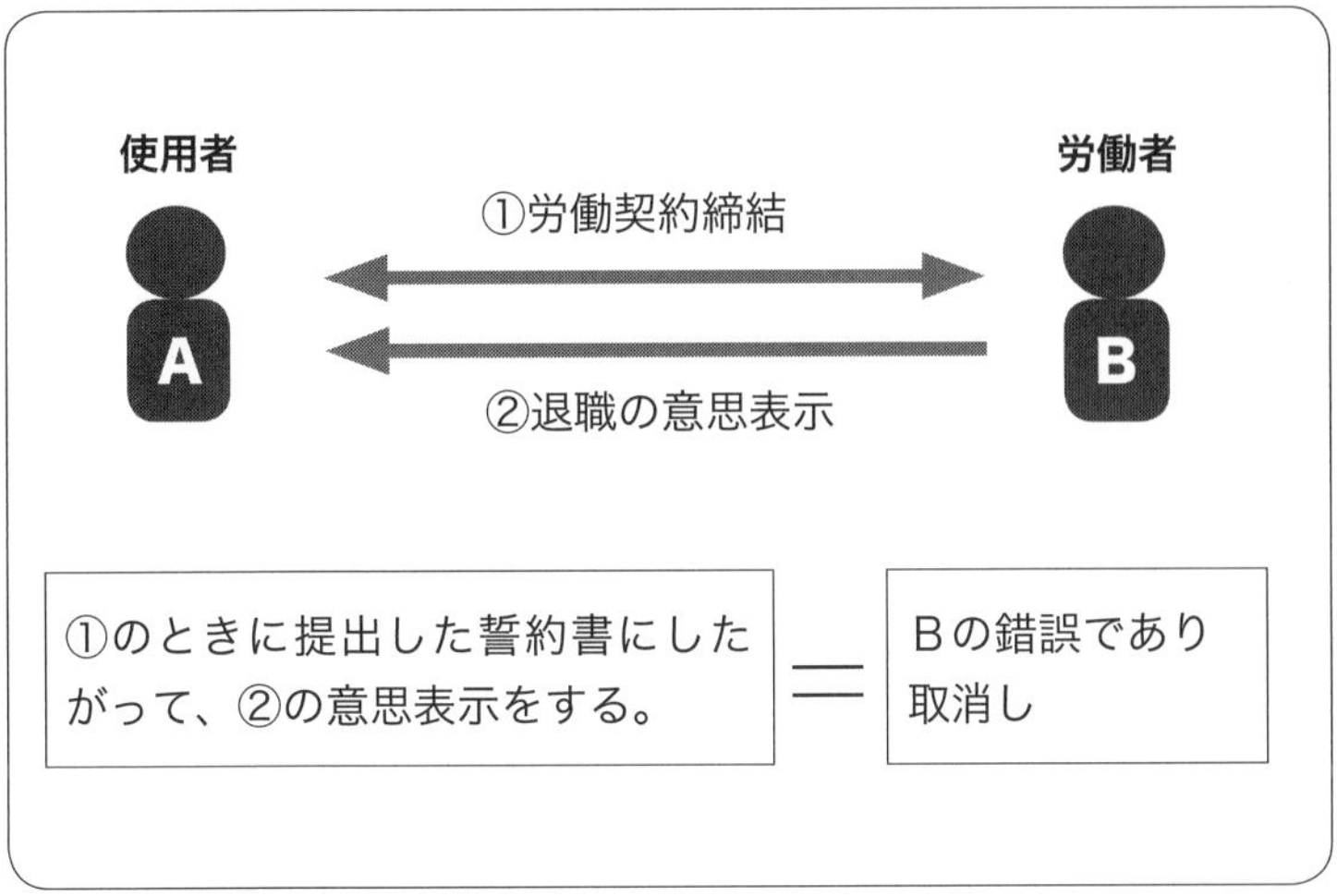

ろうか。

動機は、意思表示をした人の内心の問題であるから、これを当然に錯誤の問題とすることができないというのが従来の判例・通説である。つまり、動機というものは意思表示の形成過程であり、意思表示そのものとは異なると考えられている。そうだとすれば、動機に錯誤があっても、それは意思表示の錯誤ではないのだということである。もっとも、いわゆる錯誤という問題のほとんどが動機に勘違いがある場合であるため、まったく動機に錯誤がある場合に錯誤取消しを認めないということになれば、**民法第95条**の意義が失われてしまうという結果になる。そうだとすれば、動機の錯誤にも**第95条**の適用を認める必要があるだろう。

もっとも、動機は表意者の内心にとどまるものであるので、全面的に認めると今度は相手方にとって不意打ちとなる。そこで、判例はこれらの調和を図り、動機が意思表示の内容として相手方に表示された場合に限り、動機も意思表示の内容であると評価され、「錯誤」の対象となると判示するに至った。

労働問題に置き換えていえば、定年退職まであと5年と迫ったX社の営業部長であるYが、早期退職をすれば退職金の支給額が上がると考えてX社に退職の意思表示をしたが、X社にはそのような規定も、決定もなかったとする。ここでYが、退職の意思表示に関して錯誤取消しを主張できるかという問題において、退職金の支給額が上がるから辞めようという動機の部分に錯誤がある。判例に従えば、何も言わずに退職の意思表示のみを伝えた場合、動機がX社に明示されていないため、意思表示の内容とはならず、錯誤取消しは認められないということになるであろう。これに対して、YがX社に退職金の支給額が値上がりするから退職しますと動機を明示していれば、その動機は意思表示の内容となり、その部分に食い違いがある場合は錯誤取消しの主張ができるのである。

なお、錯誤取消しが認められるためには、その錯誤の内容が要素の錯誤であり、表意者に重大な過失がないという要件をも満たさなければならないことも忘れてはならない。

⑶ 効果

錯誤による意思表示は**取消し**である(**第95条第1項**)。以前は錯誤による意思表示は無効とされていたが、平成29年の法改正(令和2年施行)によりその効果は取消しとなった。ただし、錯誤があったからといってただちに取消しとなるのではなく、それが法律行為の要素に関するものである場合に取消しとなる。たとえば、労働者Bが使用者Aに労働契約を締結する際に「結婚したら退職します」という誓約書を書かされたとしよう。この「結婚したら退職する」という内容は、法律違反であり実際には無効となる。

にもかかわらず、入社から数年経ってBが結婚した際、Bはいまだ入社時の宣誓書が有効であると信じて疑っていなかったため、結婚したら退職しなければならないものと勘違いしており、それを理由として本当に退職してしまったとする。

この場合、誓約書を信じて退職した労働者Bは錯誤に陥っていたのであり、退職の意思表示は錯誤に基づいた意思表示であるといえる。つまり、労働者Bには**「要素の錯誤」**があったといえるだろう。したがって、このようなケースの退職の意思表示は、錯誤により取消しとなるのである。

(4) 民法第95条の趣旨(保護事由と帰責事由)

さて、**民法第95条**の効果が認められる理由を、その条文が想定する**保護事由・帰責事由**が何であるかを検討しつつ考えてみる。

上記のとおり、錯誤の効果は取消しであり、取り消されると意思表示をした時にさかのぼってその効果が消滅する（**民法第121条**）。たとえば、4月1日に労働者Aが錯誤に陥り退職の意思表示をし、4月30日にその意思表示を取り消した。この場合、労働者Aの退職の意思表示は4月1日にさかのぼってその効果は消滅する。そうだとすると、この規定は誤って意思表示をしてしまった表意者を保護するためのものであるといえる。表意者の保護、これが**民法第95条**の基本原則である。しかし、錯誤というものは、いわば**「勘違い」**であって、これには表意者の帰責性が認められる。それにもかかわらず、取消しという強力な効果を及ぼすからには、錯誤の主張をする者にそれに相応する要件を要求する必要がある。それが、**表意者に重過失がないこと**、**錯誤が要素の錯誤であること**という要件である。これは**民法第95条**の保護事由であるといえる。

表意者に重過失がある場合には、錯誤による取消しの主張が制限される（**第95条第3項**）。ただし、相手方にも一定の落ち度があるときは、例外的に錯誤による取消しができるとして、民法は表意者の保護に配慮しているのである。

ここでいう「一定の落ち度」とは、①相手方が表意者に錯誤があることを知っている（悪意）か、重過失によって知らなかったとき（**双方重過失**）、②相手方が表意者と同一の錯誤に陥っていたとき（**共通錯誤**）がこれにあたる。

また、錯誤による意思表示の取消しは、表意者が錯誤に陥っていることを知らず、知らないことに落ち度もない（善意かつ無過失）第三者に対しては主張することはできない**（第95条第4項）**。

表意者に重過失がある場合にまで、その者を保護する必要はない。たとえば、慌てて求人広告を見て電話したせいで、就職した会社が意中の会社ではないと気づかず雇用契約を締結してしまったような場合、雇用契約の申込みをした者を保護する必要はなく、それよりも会社の方を保護しなければならない。また、これは条文には明示されてはいないが、錯誤の内容が些細なものであるような場合にまで錯誤を認めるわけにはいかない。すなわち、会社と雇用契約を結んだ後、会社の定める休日が半日少なかった程度で契約を取消ししてしまうのは、いたずらに社会を混乱させることになり、妥当ではない。少なくとも、「要素の錯誤」を要求することでバランスを保っているのである。

(5) 退職の意思表示と錯誤

既に述べたように、退職の意思表示も民法の意思表示の規定の適用を受ける。錯誤についても、退職の意思表示との関連を、判例を用いて説明したい。

以下に判例を掲げる（法改正前であるため、その効果は**無効**とされている。）

関連判例　ヤマハリビングテック事件（大阪地決 平11・5・26）

【事実】従業員Xは、部下が架空売り上げを計上していることを察知していたが、これを黙認していた。会社Yは、そのことに気付き、Xに対して懲戒解雇処分もありえることをちらつかせて退職を勧奨した。従業員Xはこれにより退職願を提出した。従業員Xから、退職願は提出しないと懲戒解雇になると思い提出したものであるが、Xには懲戒解雇になる理由がなく、退職の意思表示は錯誤に基づく意思表示であり無効であるとして提訴があった。

【判旨】Xは、以前から部下が架空売り上げを計上していることに気付き、これを黙認していたと推認されるが、部下がこのような架空売り上げを計上したのは、Xによる売上目標達成の強い指示によるものであるといえ、また、Xが売上目標達成の強い指示をしたのも、Xの上司からの強い指示に従ったためであり、Xのみを責めることはできない。部下の架空売り上げの計上を黙認していたことは許されるべきことではないが、前記のような理由もあり、また、Xの上司については、その処分について検討したことも伺われない。これらのことから、Xの責任は重いものの、Xのみを処分の対象として懲戒解雇するのは処分の均衡を欠くものである。そのため、Xには懲戒解雇事由が存在するとはいえない。以上によれば、Xは、懲戒解雇事由が存在しないにもかかわらず、これがあるものと誤信し、懲戒解雇を避けるために、任意退職の意思表示をしたものであって、その意思表示には要素の錯誤があったということができる。したがって、Xの行った退職の意思表示は無効である。

2 瑕疵ある意思表示

意思表示に欠陥がある場合としては、以上で述べた心裡留保、通謀、錯誤などの「意思の欠歓」のほかに、**「瑕疵ある意思表示」**というものがある。「瑕疵ある意思表示」とは、**意思と表示との間の不一致はないが、意思決定の過程において、他人からの不当な干渉（詐欺・強迫など）のため表意者の自由な意思決定が妨げられた結果行われた意思表示**をいう**（民法第96条）**。これには、「詐欺による意思表示」と「強迫による意思表示」とがある。

（詐欺又は強迫）
第96条　詐欺又は強迫による意思表示は、取り消すことができる。
2　相手方に対する意思表示について第三者が詐欺を行った場合においては、相手方がその事実を知り、又は知ることができたときに限り、その意思表示を取り消すことができる。
3　前二項の規定による詐欺による意思表示の取消しは、善意でかつ過失がない第三者に対抗することができない。

1 詐欺による意思表示

(1) 意義

詐欺とは、**嘘をつくなどの欺罔《ぎもう》行為によって他人を錯誤に陥れ、それによって意思表示をさせること**をいう。詐欺による意思表示は、取消しうるものとされている**（民法第96条第1項）**。

(2) 要件

詐欺が成立するためには、①詐欺をした者に故意があること、②違法な欺罔行為であることの二つの要件が必要である。

(3) 効果

詐欺による意思表示は、取り消すことができる**（民法第96条第1項）**。「取消し」の効果は、意思表示を取り消すまでは有効であるが、取り消されると意思表示をした時にさかのぼってその効果は消滅する**（民法第121条）**というものである。この取消権は、表意者（被害者）の側にある**（民法第120条）**。ただし、詐欺を理由として意思表示を取り消した場合は、その取消しの効果を善意の第三者には主張できない**（民法第96条第3項）**。

(4) 第三者が詐欺を行った場合

たとえば、今、AがBに対して「Cが北海道に所有している土地がリゾート開発の対象区域内にあるから、すぐに値上がりするだろう。今のうちに買っておいたほうがよい」と騙したとしよう。実際には、Cの所有している土地はただの原野で価値のない土地であった。そうとは知らず、BはCからその土地を買うという意思表示をした。これは詐欺に基づいて意思表示をしているから、瑕疵ある意思表示といえる。このような場合には、騙されたBが騙したAに対して意思表示をしたわけではないという点に注意が必要である。意思表示の当事者はBとCで、Aは意思表示の当事者ではない。これを、第三者（A）の詐欺という。この場合、Cが悪意であれば、つまり、Cが**「BはAにだまされていることを知っている」**場合には、Bは意思表示を取り消すことができる。しかし、Cが善意でかつ過失がない場合、Cが**「BはAにだまされていることを知らない場合」**には、Bは意思表示を取り消すことができない。つまり、第三者（A）の詐欺の場合は、瑕疵ある意思表示をした相手方であるCがその事実を知り（悪意）または知ることができたとき（有過失）にはCが善意であっても、Bは取り消すことができるということである。詐欺によることを知って取引関係に入ったCを、Bを犠牲にしてまでも保護する必要はないからである。それに対して、Cが善意でかつ無過失の場合は、BがAから騙されているという事実を知らないわけであるから、このような場合、Aが詐欺をしたからという理由で、その法律行為（B・C間の売買契約）が取り消されたのでは、Cが不測の損害を被ることになる。そのため、Bを犠牲にしても、Cを保護する必要があるのである。

(5) 詐欺と錯誤の関係

詐欺は、欺罔行為によって他人を錯誤に陥れ、それによって意思表示をさせることをいうから、錯誤と密接な関係にある。平成29年の法改正（令和2年施行）までは、詐欺による意思表示をした者は、詐欺を理由とする取消しの他に、錯誤を理由とする無効の主張もできないかが問題となっていた。これを**「二重効の問題」**という。法改正によりこの二重効の問題は起こらなくなったが、詐欺と錯誤の理解を深めるため、この問題についても解説する。

旧民法下において、通説ではこの二重効を認めて、表意者はどちらでも選択的に主張しても差し支えないとしていた。詐欺によって錯誤に陥った場合は、内心の意思決定に際して他人の欺罔行為によって思い違いをするのであるから、多くは動機の錯誤である。たとえば、ここの土地は将来確実に値上がりするから買うというように、錯誤の内容が相手方に表示されている場合には、錯誤と詐欺とを選択する余地が出てくるのである。

ところで、両者はその要件が異なっているので、詐欺を主張するためには、**詐欺行為があったことを立証しなければならない**。また、錯誤を主張するためには、**要素の錯誤のあることの立証が必要**とされる。そのため、表意者は、いずれか証明しやすい方を主張すればよい。

たとえば、代金支払いの意思も能力もない者（A）が、登記を移転すると同時に代金

第三者が詐欺を行った場合の退職の意思表示

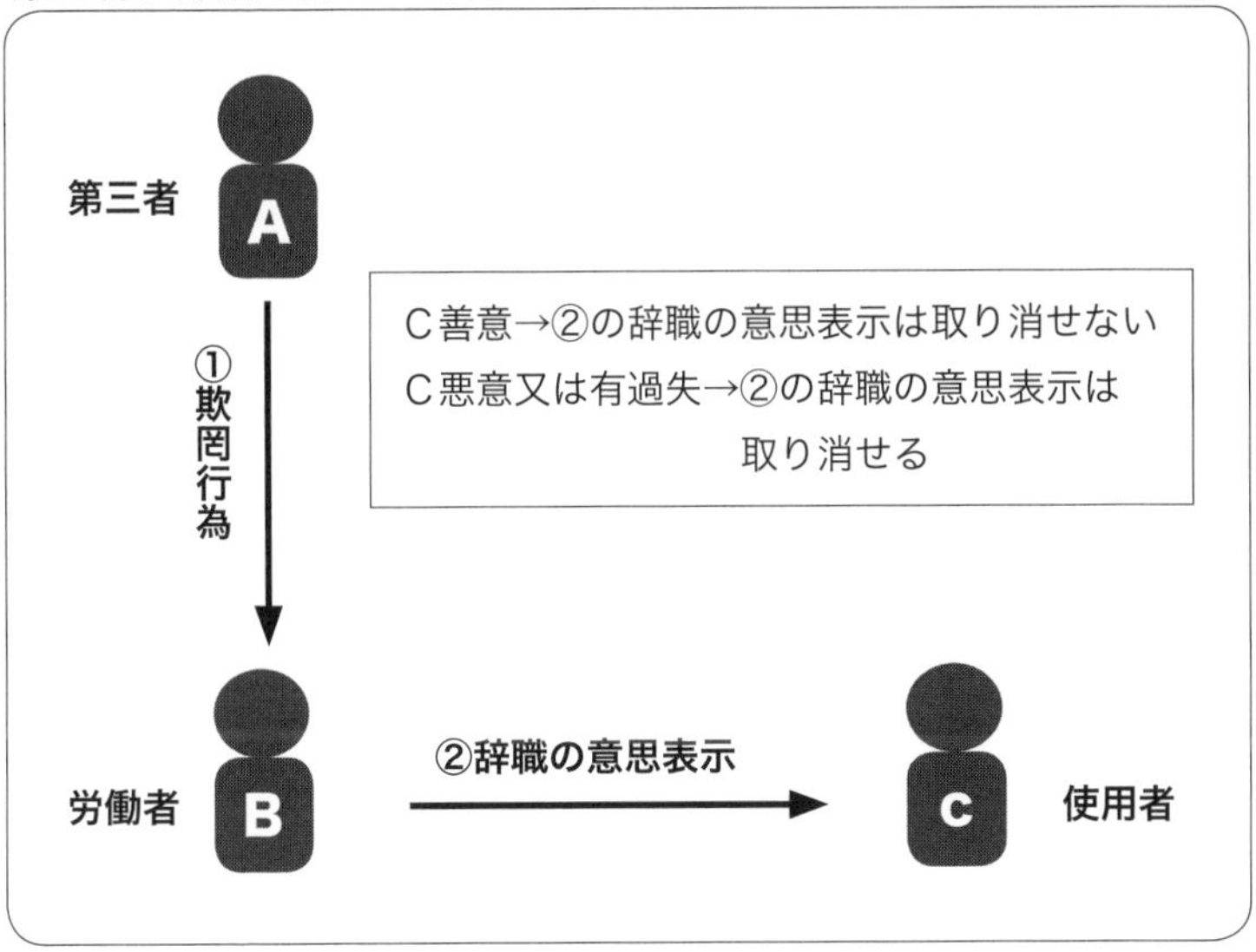

全額を支払うと欺いて土地を買い、その土地を抵当権の担保にしてしまった場合に、土地を騙し取られた者（B）の錯誤無効の主張を認めた判例がある**（大判 大11・3・22、同昭17・9・30）**。

A・B間では当然、詐欺による取消し**（民法第96条第1項）**が認められるところであるが、このように**第三者（抵当権者）**がいる場合には、詐欺による取消しでは対抗できないことがある。そのため、このケースでは錯誤無効が主張され、裁判所がこれを認めたのである。

これを労働関係の問題にあてはめる。たとえば、Aが労働者Bに対して「君の会社はもうすぐ倒産するから、今のうちに辞めて退職金をもらっておいたほうが得だよ。倒産したら、退職金がもらえないかもしれないよ。」と騙し、Bがそれを信じて退職してしまったとする。ところが、使用者Cは、AがBを騙したことなど知らないとする。Cは善意かつ無過失の第三者というわけである。この場合、BがAの詐欺を理由に退職の意思表示を取り消すことはできない。

なぜなら、第三者による詐欺の場合は、その取消しを善意かつ無過失の第三者に対抗できないからである**（民法第96条第3項）**。この場合に、旧民法下では錯誤による無効を訴えることができたのである。

法改正により、錯誤を理由にした場合にも、Bの退職の意思表示は、意思表示をしたときにさかのぼって取消しとなる**（民法第121条）**。

そのため、錯誤の場合も、その取消しを善意かつ無過失の第三者に対抗できないのである。この場合、労働者は錯誤による取消し、詐欺による取消しいずれにしても退職しなければならない。

2 強迫による意思表示

次に、強迫による意思表示について見ていきたい。これも、退職の意思表示と強迫について解説するが、その前に、強迫について簡単に説明する。

(1) 意義

「強迫」とは、**他人に対し害意を示して畏怖の念を生じさせる違法な行為**をいい、この畏怖によってなされた意思表示を**「強迫による意思表示」**という。これは、意思が表示（たとえば署名捺印）されるが、内心ではそうした意思があるわけではなく、強迫によってやむなく表示したにすぎない場合をさす。強迫により意思表示をした場合は、表意者は強迫状態を脱したあと、この意思表示を取消すことができる**（民法第96条第1項）**。

なぜなら、強迫の下になされた意思表示は法的に効力あるものとして扱うことはできないからである。

ここで注意したいのは、民法上の「強迫」は、刑法上の「脅迫」とは異なり、脅したり、暴力を振るったりすることだけが対象になるわけではなく、しつこく繰り返すというのも対象になる点である。

(2) 要件

強迫による意思表示であると認められるためには、**①強迫につき故意があり、相手方に畏怖の念を与えたこと、②強迫行為にもとづく畏怖により表意者が意思表示をしたこと、③強迫行為が社会的に許容される範囲を越えた（違法性がある）こと**の3点が必要である。

(3) 効果

表意者は強迫による意思表示を取り消すことができる（**民法第96条第1項、第120条**）。強迫による意思表示の取消しは、詐欺によるそれとは違って、善意かつ無過失の第三者に対しても主張できることになっている（**民法第96条第3項**）。また、第三者の強迫によってなされた意思表示の場合でも、相手方の善意・悪意にかかわらず取り消すことができる（**民法第96条第2項**）。

(4) 民法第96条の趣旨（保護事由・帰責事由）

詐欺・脅迫による意思表示については、意思と表示は一致しているが、ただその内心的効果意思を決定する過程に瑕疵があるにすぎないので、その効果は**「取り消すことができる」**となっているのである。これは、意思表示をしてしまった者にも帰責事由があると考えられていることの表れである。これについては後に詳述する。

もっとも、強迫と異なり詐欺取消の場合、善意者に対する保護を要求するのに対して、強迫による意思表示についてはそのような規定はなく、表意者の保護を強化している。これについて、詐欺の場合に比して強迫による意思表示の表意者が厚く保護されるのは、詐欺による場合は詐欺された方もどこかに注意の欠けるところがあったと思われるのに対して、強迫の場合は表意者の側に責められるところはなく、詐欺による意思表示の場合よりも一段と表意者を保護すべきだと考えられたためである。これによって、**民法第96条**は保護事由と帰責事由のバランスを図っているのである。

(5) 瑕疵ある意思表示と退職の意思表示

退職の意思表示にも、**民法**の意思表示が適用となることはすでに述べたが、次に瑕疵ある意思表示（詐欺・強迫）の規定を、退職の意思表示を行った事例で説明していく。

① 詐欺・強迫の規定と退職の意思表示

退職の意思表示にも、民法の意思表示の規定が適用になることはすでに述べた。ここで取り上げるのは、そのことを、詐欺・強迫によって退職の意思表示を行った事例である。

② 騙されて退職の意思表示を行った場合

まず、詐欺のケースについて、退職の意思表示に関する事例で説明する。たとえば、使用者Aが労働者Bに「うちの会社は危ないから辞めたほうがいいよ。」と言い、労働者Bが退職してしまったような場合がある。この場合、労働者Bは使用者Aの詐欺によって退職の意思表示をしたわけであるから、この退職の意思表示は瑕疵ある意思表示となる。**したがって、労働者Bは、この意思表示を取り消すことができる（民法第96条第1項）**。

次に、第三者が詐欺を行った場合である。第三者Aが労働者Bに「君の働いている会社はもうすぐつぶれるよ。早めに辞めたほうがいいよ。」という嘘をついて、それを信じた労働者Bが、実際に会社を辞めてしまったとする。これも労働者Bは詐欺によって退職の意思表示をしているのだから、瑕疵ある意思表示といえる。ところが、この場合は使用者Cの善意・悪意または有過失によって結果が異なる。使用者CがAの詐欺を知っていた場合、つまり悪意または有過失の場合は、Bは退職の意思表示を取り消せる。しかし、使用者CがAの詐欺を知らなかった場合、つまり、善意の場合は、Bは退職の意思表示を取り消せないのである（民法第96条第3項）。

③ 強迫による退職の意思表示

次に、強迫による意思表示の規定を退職の意思表示にあてはめて考えてみる。

強迫による退職の意思表示にも**民法第96条**の規定が適用される。つまり、真意に基づかない退職の意思表示は、効力を否定されることがあるのである。

たとえば、退職の意思表示をしなければ、懲戒解雇処分になるなどの不利益が生じると使用者から話されて、その不利益を避けたいために従業員が退職の意思表示をした場合で考えてみる。この場合、その不利益が現実には発生しないとすると、退職の意思表示をしなかったわけであるから、この退職の意思表示は強迫に基づく意思表示となる。つまり、懲戒解雇になる可能性がないか、低いにもかかわらず、懲戒解雇処分が確実であるかのような言動をなし、それによって従業員が退職の意思表示を行った場合、強迫による意思表示として取り消すことができる可能性が高い。なお、懲戒処分などありえないのに、懲戒処分をされると誤信して退職の意思表示を行った場合、錯誤によって無効となることも考えられる。これは、詐欺と錯誤の項目で説明した部分を参照して欲しい。

以下で、具体的な判例を紹介する。

関連判例　ネスレ日本事件（水戸地龍ケ崎支決 平12・8・7）

【事実】従業員が職場でけんかをしたので、工場長から懲戒解雇もありえるから、自己都合退職したらどうかと勧められ、それによって自己都合による退職届を提出しこれが受理された。しかし、従業員はその後、自分はけんかに関与していないし、退職の意思もない、退職届は強迫により提出したもので取り消すことができると主張した。

【判旨】会社側がけんかに関与した従業員を会議室に呼び出し、懲戒解雇を含む懲戒処分になることは確実であると通告した上で、懲戒処分に不服なら裁判で争うことになるだろうから、それを避けるためには、従業員が自己都合退職をすることが賢明であると強く迫ったため、従業員がこれに心理的圧迫を感じ、自ら自己都合退職の退職願を提出したものである。したがって、従業員の本件退職の申込は、特段の事情のない限り、会社側の強迫によるものとして取消しうるものというべきである。したがって、従業員が退職届を提出した翌日にその取消しの意思表示をしたことによって、退職の意思表示は取り消されたものと認められる。

④詐欺・強迫による意思表示はなぜ無効ではなく取り消しなのか？

詐欺・強迫による意思表示は、**民法第96条**によると取消すことができると規定されている。一方、心裡留保、通謀は無効とされている。この違いはなぜか？　詐欺・強迫も一見して無効でもよいように思われる。詐欺も強迫も行為者は責められるだけの原因があると考えられるからである。

そこで、詐欺と強迫それぞれについて、労働契約にあてはめて説明する。まず、詐欺のケースだが、たとえば、使用者が辞めてもらいたい労働者に「うちの会社は危ないから、早めに辞めたほうが退職金もしっかりもらえて得だよ」と言われ、それを信じて退職したとする。しかし、退職した後で、会社が危機的状況にあることは嘘であることがわかった。この場合、労働者は詐欺による意思表示をしたことになる。しかし、ここで詐欺による意思表示は無効となると、退職の意思表示は無効ということになり、労働者は会社に復帰することになる。この効果については、よい解決方法といえる場合ばかりではない。会社に復帰できて喜ぶ労働者もいれば、会社に復帰することを喜ばない労働者もいるだろう。しかし、無効となると、どちらの労働者も復帰しなければならないことになる。つまり、会社に復帰したくない労働者も強制的に会社に復帰することになってしまう。そのため、**詐欺の効果は取消しとして、表意者の選択に任せることにした**のである。

これは、強迫の場合も同様である。たとえば、使用者に「会社を辞めないと不利益な取

詐欺脅迫の効果

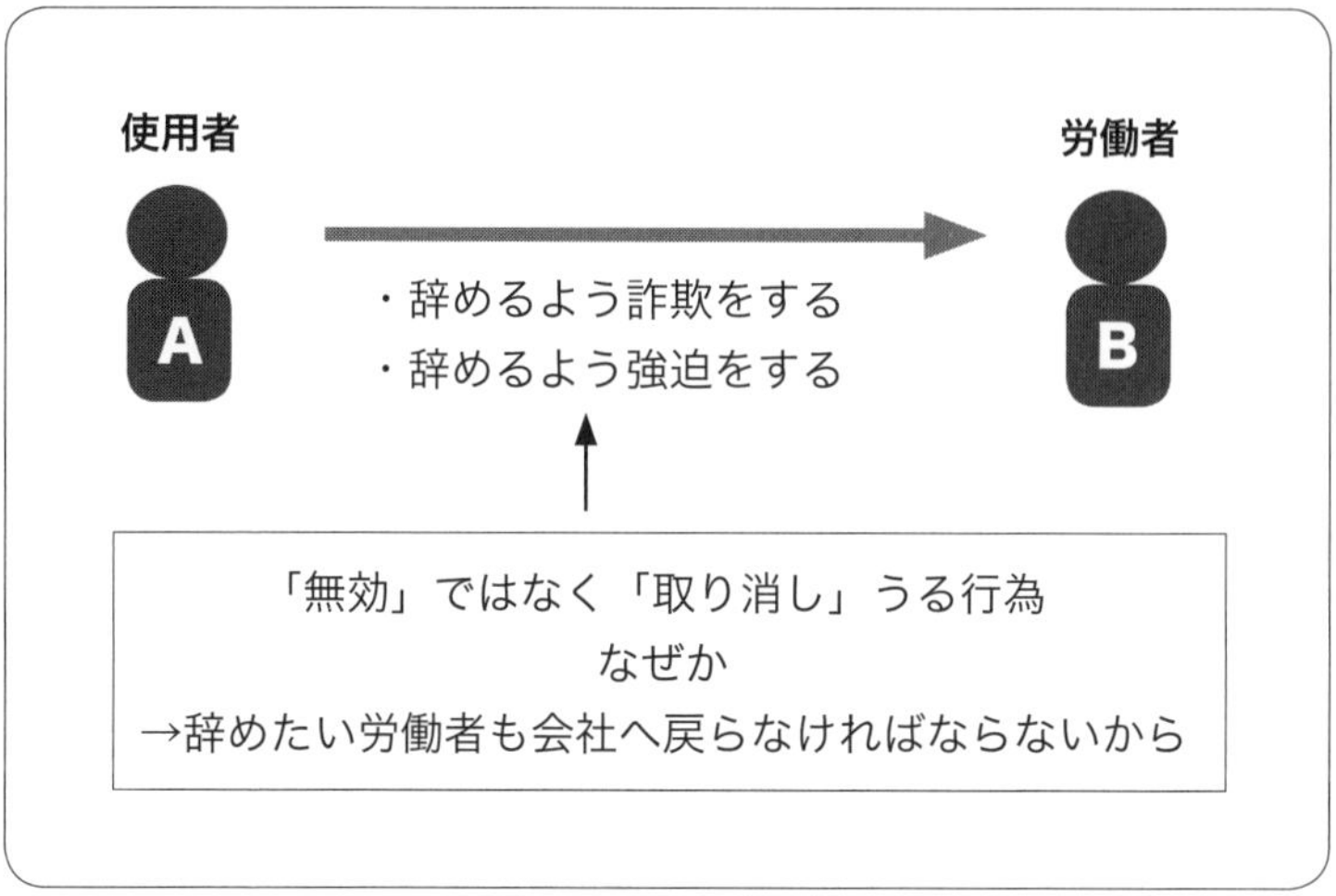
使用者
労働者
A
B
・辞めるよう詐欺をする
・辞めるよう強迫をする
「無効」ではなく「取り消し」うる行為
なぜか
→辞めたい労働者も会社へ戻らなければならないから

り扱いをされるかもしれない」と言われ、そのことによって、労働者は心理的に追い詰められて、自ら退職届けを提出したとする。この場合、意思表示が無効になると労働者は強迫された会社に復帰しなければならなくなる。確かに復帰したいと思う労働者もいるかもしれないが、大半の労働者はそんな会社には復帰したくないであろう。そのため、**強迫の効果は取消しにして、表意者に選択させる制度にしている**のである。

⑤ 解雇事由の告知と合意退職

本稿においては、**民法**の意思表示の規定を中心に解説を行った。ここで、これまで学んだものを踏まえて、比較的身近な労働問題の事案を考えてみよう。

Xは Y社従業員として、十年間勤務していた。ある日突然、Y社人事部長から、営業成績の不振、遅刻が多いこと、暴言、取引先からの過剰接待を理由に、本日付で懲戒解雇とすることを口頭で申し渡された。それに加えて、即時に退職届を提出するのであれば、懲戒解雇するのではなく退職届を受理するという対応にとどめることも、条件として告げられるに至った。

Xは懲戒解雇となるよりは、自ら退職届を出した方が将来のためには有益であろうという気持ちを抱くようになり、人事部長宛てに退職届を提出したものの、自己の解雇事由に関し、具体的な説明を何ら受けておらず、結局退職届の提出にも納得できなかった。Xは退職の意思表示の取消しを主張することができるだろうか。

この事案においては、錯誤取消し **(民法第95条)** と強迫取消し **(民法第96条第1項)** が問題となりそうである。まず **錯誤取消し** の主張から考えていきたい。本件では解雇に相当する事由がないのに、自己に解雇に相当する事由があると勘違いして退職の意思表示したような場合には、錯誤取消しの主張が認められることになる。

次に、**懲戒解雇** に相当する事由が存しないにもかかわらず、懲戒解雇がありうることを告げることは、労働者を畏怖させるに足りる違法な害悪の告知となり、このような害悪の告知の結果なされた退職の意思表示は、強迫によるものとして、取消しうるものとなる。

本件の場合はいずれであろうか。これについて、多くの裁判例は解雇事由の告知を伴う退職勧奨における退職届の有効性を判断するに当たり、その前提として、客観的に解雇に相当する事由があったか否かの判断を行い、その結果によって錯誤か強迫かを判断することになる。当該事由があれば、退職勧奨は違法な害悪の告知にあたり、強迫が成立する。これに対して、事由がなければ、解雇相当事由があると勘違いしたということになるから錯誤取消しということになる。

しかし、このように**形式的に判断することは妥当ではない**。実際には、使用者と労働者との話し合いの結果として、一度納得して退職届を提出するというようなことも想定されるのであり、このような個別具体的な事情も加味して考えていく必要がある。

たとえば、使用者が、解雇に相当する事由を使用者なりに検討の上で、具体的な事実として労働者に伝えた場合、少なくとも、使用者としては、解雇に相当する事由を十分に検討しないまま、解雇に相当する事由を告げているわけではない。また、労働者としても、解雇に相当する事由を具体的な事実として告げられた場合に、その内容が真実に反するなどの不服があるときには、退職届を提出することなく、解雇の有効性を争う途があり、裁判所によって解雇の不当性が認められるということもありうるのである。

そうだとすれば、労働者としても、解雇の有効性を争うという選択肢があることも理解の上で、あえてそのような選択をせずに退職届を出したのであれば、決して、解雇に相当する事由があるとの**「勘違い」**をしたとは言えないのではないかと考えられるのである。仮に、自主退職の条件として、使用者が退職加算金などを提示したような場合は、労働者も、あえて、解雇の有効性を将来的に時間をかけて争っていくのではなくて、自主退職の上で、退職加算金という経済的メリットを受ける途を自ら選択したといえ、その事が、退職の意思表示が真意に基づくものであることをより裏付けることにもなるのである。同様に、当該解雇の告知の内容が懲戒解雇に相当するものであったとして、それが、客観的に懲戒解雇に相当する事由が認められなかったとしても、そのことをもって、**常に労働者を畏怖させるような違法な害悪の告知となり、当該労働者が畏怖状態の中で意思表示をしたということにもならない**。使用者が、使用者なりに検討した結果である懲戒解雇に相当する事由を具体的な事実をもって告知したのであれば、使用者としても、懲戒解雇に相当する事由を十分に検討しないままに、懲戒解雇に相当する事由を告げたわけではないから、使用者が、労働者を強迫、すなわち、労働者を畏怖させるような害悪の告知をした、換言すれば、**懲戒解雇に相当する事由が存在しないにもかかわらず、懲戒解雇がありうることを告げたとはいえない**ということになる。

このようなことから、退職の意思表示の有効性は、あくまで、当該意思表示を行った時点での使用者からの説明内容と、それに基づく労働者の具体的な意思形成の内容に即して判断するべきであり、当該意思表示の時点において、客観的に解雇に相当する事由があったか否かという点も、**当該意思表示の有効性を判断する一事情に過ぎない**と考えるべきであろう。

以上の議論を、先の事例に当てはめて考えてみたい。まず、人事部長からXに対して、懲戒解雇事由となる具体的事実が十分に告げられていない。換言すれば、Y社としては、懲戒解雇に相当する事由をY社なりに検討した上で、具体的な事実としてXに対して伝えたとはいえないということになる。そうすると、Y社としては、懲戒解雇に相当する事由があることを十分に検討しないままに、懲戒解雇に相当する事由をXに対して告げているといえ、その場合には、懲戒解雇に相当する事由が存在することを十分に検討しないまま、Xに対して、具体的事実を指摘することなく、懲戒解雇がありうることを告げたという意味において、強迫と判断されることになるであろう。また、Xとしても、懲戒解雇に相当する事由を十分に検討できるだけの具体的な事実が伝えられていなかったとはいえ、その結果、懲戒解雇に相当する事由がないのに、懲戒解雇に相当する事由があると「勘違い」して退職の意思表示をしたことになる。使用者として、このようなトラブルをできる限り防止するためには、解雇の告知にあたって、解雇理由書の作成は必須であると考えなければならない。また、解雇に相当する事由は、単に就業規則の規定を引用するだけではなく、具体的に当該事実を特定・整理の上、解雇理由書に記載しておかなければならないと考えておくべきであろう。

さらに、使用者は、そのような解雇に相当する事由を労働者に明確に伝えた上で、その言い分も踏まえつつ退職届の提出の意思確認などを行うべきである。

第五章

債権総論

Gnothi seauton
汝自身を 知れ

Cogito ergo sum
我想う 故に我あり

1 債権・債務とは何か

1 債権と債務

所有権などの**物権**が物に対する支配権（絶対権・対世権ともいわれる）であるのに対し、**債権**は人に対して行為をさせることを内容とする(相対権・対人権といわれる)。すなわち、物権は、いつでも、誰に対しても権利を主張できる。たとえば、どこの誰でも、自分の土地の中に入ってきた者をここから出ていけと主張できる。これに対し、債権は、特定の人が他の特定の人に対して、ある一定の行為をなすことを請求できる。たとえば、XとYが雇用契約を締結したらXはYに賃金をよこせと言えるが、関係ないZに働いたから賃金をよこせとは主張できない。

請求する人が債権者、請求される人が債務者である。債権と債務は、それぞれ請求する側の権利と捉えるか、請求される側の義務と捉えるかの違いであって、実質は同じものである。

「債権」というと、お金を請求する権利を思い浮かべることが多いが、それだけではなく、大工に家を建ててもらったり、マッサージ師にマッサージをしてもらうこと、占い師に占いをしてもらうことも「一定の行為」であるから、これらは全て債権ということになる。

このように、請求する「一定の行為」にも様々なものがあることから、債権（債務）を分類する方法として、**「与える債務」**と**「なす債務」**という区分の仕方をすることがある。お金を支払ったり、物を引渡したりする債務が「与える債務」であり、大工が家を建てたり、マッサージ師がマッサージをする、占い師が占いをする債務が「なす債務」ということになる。従業員が使用者の指示に従って就労する債務も「なす債務」である。

これを労働契約の例で具体的に見てみよう。労働者Xが契約によりY社の指揮命令下に入って働けば、賃金請求権が発生する。この賃金請求権は特定の人（X）が他の特定の人（Y社）に対して、ある一定の行為（賃金を支払う）ことを請求できる権利であるので、債権といえる。

この債権と表裏の関係にあるのが債務である。Xに賃金請求権があるということは、裏を返せばY社には賃金支払いの義務があることになる。このように**債権に対応する義務のことを債務**という。債権を有するものを債権者、債務を有するものを債務者というが、ここで気をつけてもらいたいのが、「何に関する」債権者であり債務者なのか、ということである。労働契約の例でいえば、「賃金に関して」は、Xが債権者でありY社が債務者であるが、指揮命令下に入り働くこと、つまり「労務の提供に関して」は、Xに義務があるのでXが債務者となり、Y社には指師命令権があるのでYが債権者となる。

2 債権の効力

債権は原則として最終的には裁判所を通して実現されるという効力をもつのであるが、その態様は強制執行、債務不履行に基づく損害賠償、債権者代位権、債権者取消権といったものがある。

3 第三者による債権侵害

所有権のような物権が侵害されたときには**不法行為（民法第709条）**が成立し、妨害排除請求権の行使が認められるが、債権侵害の場合はどうであろうか。

具体的には、XがY社と雇用契約を締結していたが、社外組合ZがXに不当に働きかけ、Xが就労するのを妨げたような場合を想定してほしい。このような場合、組合Zに不法行為は成立するのであろうか。

先述のとおり、原則として債権は債権者と債務者の間の人的・相対的な権利に過ぎないので、第三者が入り込む余地はなく、第三者による権利侵害はあり得ないという考え方があった。

しかし、判例は、およそ債権も権利である以上、権利には不可侵性が認められ、第三者による権利侵害も想定できるので、侵害があった場合は、不法行為に基づいて損害賠償ができると判断した。もっとも、債権は相対的な権利であることには変わりないから、ある程度強い態様での権利侵害がなければならないとし、債権の存在を認識した上で、債権者を害する意図が必要であるとしている。

すなわち、債権侵害の場合、過失による不法行為というものはありえず、原則として加害者に故意があることが必要なのである。

2 債務不履行

債務不履行とは、**債務者が正当な理由がないにもかかわらず、債務の本旨に従った履行をしないこと**をいう**（民法第415条）**。

労働契約における債務不履行とはどのようなことをいうのであろうか。労働契約の成立により、労働者には労務提供義務が、使用者には賃金支払義務が、契約の本来的な義務としてそれぞれ生じることになる。労働者が使用者の指示に従わずに労務の提供を拒めば、労働者が「その債務の本旨に従った履行をしない」ということになり、労務提供義務の不履行ということになる。たとえば、使用者が労働者に配転命令を行い、労働者がその命令を拒否したとする。配転は業務の一内容であるから、それを拒否することは労務提供義務を果たしていないことになる。すなわち債務不履行である。そうだとすると、労務の不提供により使用者が損害を被った場合には、使用者は、労働者に対して損害賠償を請求することもできる。

これに対し、賃金の支払期日に使用者がこれを支払わない場合には「賃金支払義務の不履行」ということになる。賃金債務は金銭債務であるから、**民法第419条の金銭債務の特則**が適用されることになる。すなわち、使用者は不可抗力によっても責任を逃れることはできず**（同条第3項）**、損害賠償額は、法制利率で計算されることになる。ただし、約定利率が法定利率を超えているときは、約定利率による。

この他に、使用者が労働者に対する安全衛生管理を怠り、職場にセクハラ、パワハラ、長時間労働などが横行し、これによって労働者が傷病を発症した場合には、使用者の安全配慮義務の債務不履行が問題となる。以下で詳しく述べていく。

1 債務不履行の3分類

債務不履行は通常、**⑴履行遅滞**、**⑵履行不能**、**⑶不完全履行**の三つの類型に分類される。

⑴履行遅滞とは、**履行期に履行が可能であるのに期限を徒過してしまった場合**をいう。

会社が給与を遅配してしまったような場合には、賃金支払債務が履行遅滞に陥ってしまったことになる。

⑵履行不能とは、**履行することが不能となったため、履行できない場合**をいう。会社員が多少の遅刻では済まず、休日にスキーへ出かけて骨折し、翌日出社できなくなったような場合は、⑵の履行不能に変わる。労働契約に基づく労務提供義務が履行不能となっている。

⑶不完全履行とは、**履行期に履行はしたものの、その給付が債務の本旨に従ったものでない場合**を意味する。会社員の例ならば、就業時間の半分近くを本来の趣旨とは関係ない無駄話に費やして、不十分な業務しかしなかったような場合である。他には、出社はしても仕事に集中しない、あるいは遅刻・早退を繰り返すようなときは、労働契約を完全に履行していないため、労働義務の不完全履行となる。その他には、給与計算は行ったものの、その一部についての計算が間違っていたような場合も不完全履行の例として挙げられる。

2　債務不履行と労働契約

⑴　休業手当に関する問題

ここでは、債務不履行と労働契約の問題について考えるために、債務不履行の具体的なケースを労働契約にあてはめてみよう。

たとえば、労働者Xと使用者であるY社とが、3月28日に労働契約を結んだとする。そして、労働者Xは4月1日からY社で働き始める予定だったとしよう。しかし、Xが入社日である4月1日に会社へ出社すると、Xの働く予定だった工場がY社の過失により、火災で焼失してしまっていた。この工場が再稼働可能になるまでに7か月かかるとのことだった。この場合、Xは出社したわけだから、労働提供義務を果たしていたことになる。

民法第415条によると、「債務者がその債務の本旨に従った履行をしないときは、債権者は、これによって生じた損害の賠償を請求することができる。債務者の責めに帰すべき事由によって履行をすることができなくなったときも、同様とする」と書かれている。これを労働契約にあてはめると、使用者が労働契約に従って労働の場を提供していないことは、労働契約の本旨に従った履行がなされていない、つまり、使用者側の債務不履行ということになる。したがって、債権者である労働者は損害賠償を請求することができるのである。このケースの場合、工場が火災で消失している以上、使用者側の債務は履行不能ということになる。そうすると、使用者側としては損害賠償を支払わなければならないのだが、火事で工場を失った上、労働者に何の仕事もしてもらっていないのにお金を払うようなことはしたくない使用者側が思いつく手立てとしては、とりあえず、労働者に裁判に訴えるようけしかけることである。裁判を起こすとなれば、かなりのお金と費用がかかるため、労働者は損害賠償の請求をしてこないだろうという読みからである。

では、裁判に訴えることをあきらめた労働者Xはどうするだろうか。今度は**民法**ではなく、**労基法**を根拠に請求をすることが考えられる。**労基法第26条**により、使用者の責めに帰すべき事由で休業しているときは、賃金の60％を支払ってもらえる権利があるのである。

> **（休業手当）**
> **第26条** 使用者の責に帰すべき事由による休業の場合においては、使用者は、休業期間中当該労働者に、その平均賃金の１００分の60以上の手当を支払わなければならない。

そこで労働者Xは「労基法上の休業手当を支払ってくれ、でないと、労働基準監督署に申し出るぞ」ということになる。これなら、裁判と違ってお金も時間もかからずに済む。

こうなると、使用者側が困ってしまう。工場が再稼働するまでの間の7か月間は休業せざるを得ないが、その7か月間休業手当を支払い続けることは、中小零細企業にとっては大変な負担である。困り果てたY会社は、Xを解雇することとした。解雇ならば、解雇予告手当として30日分の平均賃金を支払うだけでよいからである。まさに使用者側の苦肉の策といえよう。

ところが、解雇されるとなると、今度は労働者側が納得いくはずがない。追い込まれて初めて、労働者は重い腰を上げて裁判に訴えることになるが、この場合、どのような理由で争うかがポイントとなる。使用者の過失によって工場が焼失しているのだから、労働者には何らの帰責理由はない。それにも関わらず、使用者が休業手当を払いたくないがばかりに解雇されてしまったのだから、解雇権の濫用を理由に、不当解雇を訴えていくことになるだろう。

このケースの場合は、結局は解雇権の濫用で不当解雇であることが認められ、使用者は損害賠償を支払わなければならないことになるのではないか。

(2) 解雇予告手当の代わりに休業手当を支払うことは可能か

さらに、休業手当と解雇の関連では、解雇予告を行うと同時に、労働者に休業を命じ、その間、休業手当を支払うという方法は有効なのかという問題もある。

解雇予告をしたとして、予告期間満了までは労働契約は存在しているから、事業主は労働者に対して賃金を支払う義務がある。この期間に事業主が休業を命じた場合であったとしても、事業主には賃金の支払義務がある。**民法第536条第2項**によると、「債権者の責めに帰すべき事由によって債務を履行することができなくなったときは、債務者は、反対給付を受ける権利を失わない」と規定されている。つまり、ここでいう債権者は事業主のことであり、その責めに帰すべき事由によって、債務者である労働者が就業できなかったときは、労働者は労働の提供の反対給付である賃金を請求できることになる。

ただし、この規定は任意規定であるので、当事者間の特約で排除することができる。労働契約においては、事業主の力が強いことが多いため、当事者の自由に委ねたならば、特約で排除されてしまうであろう。そのため、**労基法**では、**使用者の責めに帰すべき事由で休業する場合は、使用者は休業期間中、労働者に休業手当を支払わなければならない**と定めた**（労基法第26条）**。これは強行規定であるため、当事者間の特約でも排除できず、違反した場合の罰則もある**（労基法第120条）**。

ここでいう事業主の責めに帰すべき事由であるが、使用者の故意・過失はもちろんのこと、信義則上これと同視すべき場合も含まれる。これには、資金難などの経営上の理由による休業も含まれる。したがって、事業主が休業を命じた場合は、事業主の故意による休業となるため、休業手当の支払いが必要となる。

次に、休業手当の性格であるが、通達を見ても、**賃金**であるとされている。さらに、通達によると、「解雇の意思表示が解雇予告として有効と認められ、かつ、その解雇の意思表示があったために予告期間中労働者が休業した場合は、使用者は解雇が有効に成立するまでの期間、休業手当を支払えばよい」**（昭24・7・27基収1701号）**とされている。

また、**解雇予告手当**は30日分の平均賃金であるのに、休業手当は平均賃金の100分の

60でよいというのは不合理ではないかとも思える。しかし、解雇予告は、労働契約を解除するための意思表示であって、解雇するための手続にすぎない。解雇予告手当の支払いは、予告義務を免除するにとどまるものである。

したがって、解雇予告をすると同時に予告期間満了まで休業を命じ、休業手当を支払うことは法令には違反しないと考える。

なお、**6割の支払いで済むのはあくまで労基法上の休業補償に関してであって、残りの4割に関しての民法上の支払義務は残っている**ことを付言しておく。

⑶ 労働者側・使用者側の債務不履行

労働契約が締結されると、労働者には労務提供義務が、使用者には賃金支払義務が、それぞれ生じることになる。

まず、労働者側の債務不履行についてみてみよう。労働者が労働提供義務を拒めば、労働者が債務の本旨に従った履行をしないということになるため、労働者の債務不履行ということになる。労働者は、当然反対給付である賃金の支払いを受けることもできず（**ノーワーク・ノーペイの原則**）、使用者は債務不履行を理由とした労働契約の解除も理論的には可能となる。また、労働者の債務不履行によって、使用者に損害が発生すれば、使用者は債務不履行に基づく損害賠償を労働者に請求することもできる。労働契約に特有な問題として気をつけなければならないのが、労働者が労務を提供しないことが、正当な争議行為を原因とする場合である。この場合は、**民法**の特別法、**労働組合法（以下「労組法」）**により、労働者は免責されることになる**（労組法第8条）**。

反対に、使用者が履行期である賃金支払日に賃金を支払わなければ、賃金に関する債務不履行となる。先に述べたように、賃金債務は金銭債務であるため、金銭債務の特則**（民法第419条）**の適用によって、たとえ不可抗力によって、賃金支払いができなかったとしても責任を免れないことになる。

3 債務不履行の効果としての解除

以上、債務不履行の種類について説明したが、債務不履行の効果としての解除**（民法第541条、第543条）**について、労働法とはどのような関係にあるであろうか。

契約の解除に関する条項は、契約一般に適用されるものであるから、当然労働関係にも適用される。しかし、**民法**は「雇用」契約**（民法第623条ないし第631条）**について、特別の解除規定を置いている**（民法第625条第3項、第626条ないし第629条第1項、第630条）**。簡単にいえば、これらの規定は「民法上の解雇の自由」を定めたものである。

雇用契約は人的・継続的契約であって、必要もないのにその関係を存続させておいてもしょうがないのであるから、比較的容易に雇用関係の解消ができるようになっている。そして、その性質から、解除の効力は将来に向かってのみ、その効力を生じるとされている（**民法第630条**、**第620条**）。通常、解除の効果は、その契約によって生じた権利義務をはじめからなかったことにすることであるのだが、雇用契約は継続的な契約であり、労務の提供も終わり、賃金の支払いも済んだ状態から積み重ねてきたものを元に戻すというのでは手間がかかってしまうので、それを回避するという趣旨である。

もっとも、契約当事者が対等であるのが前提の民法上においてはこのようにいえるかもしれないが、これらは、労働法によって大きく修正されている。労使関係が対等ではなくなった現代社会において、弱者の立場に置かれている労働者を厚く保護するためである。たとえば、**労契法第16条**は、労働者を解雇するにあたって、⑴客観的に合理的理由を欠き、⑵社会通念上相当と認められない場合には、その解雇は権利の濫用であるとして無効となるとしている（**解雇権濫用法理**）。これは労働者保護のために民法上の解雇の自由を制限する場合である。他に**労契法第17条**、**労組法第7条第1号**など、**雇用機会均等法第6条第4号**、**第9条第2項**・**第3項**など、**育児介護休業法第10条**、**第16条**などの規定が**民法**を修正している。

4 債務不履行の損害賠償の範囲

（損害賠償の範囲）
第416条　債務の不履行に対する損害賠償の請求は、これによって通常生ずべき損害の賠償をさせることをその目的とする。
2　特別の事情によって生じた損害であっても、当事者がその事情を予見すべきであったときは、債権者は、その賠償を請求することができる。

債務不履行の損害賠償の範囲とは、どこまでの範囲の損害が賠償されるかという問題である。単純に、その債務不履行がなかったならば生じなかっただろう全ての損害、としてしまった場合、債務不履行と事実的な因果関係のある全ての損害が対象となりかねず、賠償の範囲が無限定に拡散してしまいかねない。

そこで判例は、当該債務不履行によって生じた社会通念上相当な範囲内の損害に限定する考え方（**相当因果関係説**）をとっている。

本条（**民法第416条**）の規定は相当因果関係の範囲を明らかにしたもので、債務不履行の場合にのみ限定されることなく、不法行為の場合にも類推される（**富貴丸事件大判　大15・5・22**）。

損害の範囲とは別に、損害そのものにも種額が存在する。大別すると、**⑴財産的損害**と**⑵精神的損害（慰謝料）**に分けられる。

⑴の財産的損害は、さらに**①積極的損害**と**②消極的損害**に分けられる。①の積極的損害、とは、債務不履行によって積極的に支出を強いられることになった損害である。②の消極的損害とは、**「得べかりし利益」**や**「逸失利益」**ともいわれ、債務不履行がなければ本来得られたであろう利益を損害としてとらえたものである。

⑵の精神的損害とは、財産以外の精神的苦痛をさす。この精神的損害への賠償に関して民法は明文の規定を置いていないことが問題となる。不法行為の場合は、財産以外の損害に対する賠償請求についての規定**（民法第710条）**が存在する。この規定を類推して、債務不履行による精神的損害に対する慰謝料請求を認めるのが判例の立場であるが、安全配慮義務違反に基づく損害賠償などのケース、特別事情**（民法第416条第2項）**があるときを除いて、原則的に慰謝料請求は認められない。

5 損害賠償額の予定

> **（賠償額の予定）**
> **第420条**　当事者は、債務の不履行について損害賠償の額を予定することができる。

2　賠償額の予定は、履行の請求又は解除権の行使を妨げない。
3　違約金は、賠償額の予定と推定する。

債務不履行に基づく損害賠償は、契約によってあらかじめ損害賠償額を予定することができる。それは、契約の自由に基づくので、裁判所もその予定を尊重する。すなわち、当事者は、債務の不履行について、損害賠償の額を予定することができるのである。この場合、裁判所は、その額を増減することができないとされている**（民法第420条第1項）**。また、賠償額の予定は、履行の請求又は解除権の行使を妨げないとも規定されている**（同条第2項）**。損害賠償以外の債務不履行の効果は、この予定によって影響を受けないという趣旨である。違約金は、賠償額の予定と推定される**（同条第3項）**ので、債務者は違約金を支払うことによって債務を免れることになる。

これについて、労働関係ではどのように規定されているのであろうか。**労基法第16条**は「使用者は、労働契約の不履行について違約金を定め、または損害賠償額を予定する契約をしてはならない」と規定している。これは労働者が一定期間を経ずに退職する場合に違約金や損害賠償金を支払わせることで使用者が労働者の足止めを図るという弊害を禁止する趣旨であり、民法上規定されていることが、労働者保護の要請から禁止されることの一例である。

この規定をめぐって次のような問題を考えてみたい。

Y証券会社に入社したXは、入社3年目から2年間、会社の海外留学制度を使ってフランスに留学した。留学先は会社が指定したフランスのいくつかの学校の中からXが選択し、留学先での科目選択や留学中の生活についてはXが自由に決定できた。この留学にかかる費用4000万円は会社負担であったが、留学に際してXが署名捺印した誓約書には「留学期間中あるいは留学を終えて帰任した後5年以内に自己都合によって退職したときは、留学費用の全部を即時に弁済しなければならない」との規定が定められていた。留学を終えてY証券に戻ったXは、その約2年後に同社を退職し、他社に転職した。これに対し、Y証券は、Xに留学費用の一部（費用の5分の3）である1000万円の返還を請求したいと思っている。

会社において使用者が労働者の留学や研修にかかる費用を支出する場合、労働者がすぐに転職したり、退職したりしてその出費が無駄になるのを防ぐために、一定期間勤務を続けなければその費用を返還することを義務付ける旨の規定が置かれることが多い。この約定は、**労基法第16条**が禁止する「違約金・賠償予定の定め」にあたるか。この点について、裁判例は、留学や研修の「業務性」の有無を重視して判断する傾向にある。すなわち、留学や研修の経緯・内容に照らし、(1)当該企業の業務との関連性が強く、労働者個人としての利益性が弱い場合には、本来使用者が負担するべき費用を一定期間以内に退職しようとする労働者に支払わせるものであって、就労継続を強制する違約金・賠償予定の定め（**第16条違反**）にあたるとされ、逆に、⑵業務性が弱く個人の利益性が強い場合には、その費用は、本来労働者が負担するべきものであるが、労働契約とは別の契約として（消費貸借契約）使用者が貸し付けたものであって、労働契約の不履行についての違約金・賠償予定の定めには当たらないと判断されたものもある。

なお、使用者が実際に負担した費用の返還ではなく、使用者が労働者にいったん支給した賃金や違約金の返還を求める約定については、いずれも**労基法第16条**違反にあたると解されている。

判例その①（新日本証券事件 東京地判 平10・9・25）

【事案】 本件は、原告が、その従業員であった被告に対し、「被告は、原告の留学規程に基づき、アメリカ合衆国ボストン大学経営学部大学院に留学した後、5年以内に自己都合により退職したが、このような場合について、原告の留学規程が留学費用を返還すべきことを定めており、また、原被告間で留学費用返還の合意がされていた」として、留学費用の返還及び遅延損害金の支払いを請求する事案である。

【判旨】（留学費用返還に関する本件留学規定第18条と**労基法第16条**）

前記認定事実に、（証拠略）及び弁論の全趣旨を併せて考えれば、原告の就業規則77条は、「会社は、従業員の能力開発を援助するため、別に定めるところにより研修を行う」旨定め、従業員研修要綱は、この規定に基づき、研修体系を定めており、本件留学規程は、従業員研修要綱の定める職場外研修のうち派遣研修について定めるものであること、本件留学規程は、従業員を大学、大学院及び学術研究機関等に派遣して、証券業務に関する専門的知識の吸収、諸資格の取得及び国際的視野の拡大に努めさせ、もって会社の発展に寄与することを目的とするものであり（第1条第1項）、人事部長が指名して留学を命ずる場合のほか、留学を希望する者が応募した場合であっても、選考により留学が決定されると、原告が当該従業員に対し、海外に留学派遣を命ずるのであり（同条第2項、第2条第2項）、留学派遣先の専攻学科は原告の業務に関連のある学科を専攻するものとし（第6条）、留学に要する費用は原則としてその全額を原告が負担するものとし（第15条）、留学生は、修了後遅滞なく、留学に要した費用を、領収書等の証憑を添付して原告が指定する方法で精算しなければならないとし（第17条）、留学期間中の給与等について特則を規定している（第21条、第22条）ほか、就業規則、海外勤務規程等を適用することとしている（第3条）のであって、これらの諸条項とともに「この規程を受けて留学した者が、次の各号の一に該当した場合は、原則として留学に要した費用を全額返還させる。

⑴（略）、⑵留学終了後5年以内に自己都合により退職し、又は懲戒解雇されたとき」と規定している（第18条）こと、以上のとおり認められる。

そうすると、原告は、海外留学を職場外研修の一つに位置付けており、留学の応募自体は従業員の自発的な意思にゆだねているものの、いったん留学が決定されれば、海外に留学派遣を命じ、専攻学科も原告の業務に関連のある学科を専攻するよう定め、留学期間中の待遇についても勤務している場合に準じて定めているのであるから、原告は、従業員に対し、業務命令として海外に留学派遣を命じるものであって、海外留学後の原告への勤務を確保するため、留学終了後5年以内に自己都合により退職したときは原則として留学に要した費用を全額返還させる旨の規定を本件留学規程において定めたものと解するのが相当である。留学した従業員は、留学により一定の資格、知識を取得し、これによって利益を受けることになるが、そのことによって本件留学規程に基づく留学の業務性を否定できるわけではなく、右判断を左右するに足りない。

これを被告の留学についてみれば、被告は、留学先のボストン大学のビジネススクールにおいて、デリバティブ（金融派生商品）の専門知識の修得を最優先課題とし、金融・経済学、財務諸表分析（会計学）等の金融・証券業務に必須の金融、経済科目を履修したこと、被告は、留学期間中、本件留学規程に基づいて現地滞在費等の支給を受けたこと、被告は、帰国後、原告の株式先物・オプション部に配属され、サスケハンナ社と原告の合弁事業にチームを組んで参加し、原告の命により、サスケハンナ社の金融、特にデリバティブに関するノウハウ、知識を習得するよう努め、合弁事業解消後も前記チームでデリバティブ取引による自己売買業務に従事したことが認められ、被告は、業務命令として海外に留学派遣を命じられ、原告の業務に関連のある学科を専攻し、勤務している場合に準じた待遇を受けていたものというべきである。原告は、被告に右の留学費用の返還条項を内容とする念書その他の合意書を作成させることなく、本件留学規程が就業規則であるとして就業規則の効力に基づき、留学費用の返還を請求しているが、このことも被告の留学の業務性を裏付けるものといえる。

右に基づいて考えると、本件留学規程のうち、留学終了後5年以内に自己都合により退職したときは原則として留学に要した貸用を全額返還させる旨の規定は、海外留学後の原告への勤務を確保することを目的とし、留学終了後5年以内に自己都合により退職する者に対する制裁の実質を有するから、**労働基準法第16条**に違反し、無効であると解するのが相当である。

判例その②　（コンドル馬込事件　東京地判 平20・6・4）

【事案】本件は、被控訴人が、元従業員であった控訴人に対し、不当利得返還請求として、平成17年6月分の給与の前払金合計5万5０００円、研修費用返還合意に基づく費用返還請求権として、19万９５００円及びこれらの合計25万４５００円に対する請求の拡張申立書の送達の日の翌日である平成19年7月7日から支払済みまで民法所定の年5分の割合による遅延損害金の支払いを求めた事業である。

【判旨】（被控訴人の控訴人に対する研修費用返還請求権の成否）

(1) 控訴人は、本件雇用契約の締結に際し、本件誓約書及び養成乗務員取扱規則に署名押印して、被控訴人との間で、研修費用返還条項を前提として、本来控訴人が負担すべき費用を被控訴人が立替払することで、交通センターでの研修を受けることを合意したものと認めるのが相当である。

そして、被控訴人は、交通センターから請求された控訴人の免許取得費用19万9500円を支払ったこと、控訴人は研修後2年を経過しない平成17年6月7日に退職したことが認められる。

(2) ところで、第2種免許の取得は被控訴人の業務に従事する上で不可欠な資格であり、その取得のための研修は被控訴人の業務と具体的関連性を有するものではある。

しかしながら、第2種免許は控訴人個人に付与されるものであって、被控訴人のようなタクシー業者に在籍していなければ取得できないものではないし、取得後は被控訴人を退職しても利用できるという個人的利益がある（現に控訴人はこの資格を利用して転職している）ことからすると、免許の取得費用は、本来的には免許取得希望者個人が負担すべきものである。

そして、研修費用返還条項によって返還すべき費用も20万円に満たない金額であったことからすると、費用支払を免責されるための就労期間が2年であったことが、労働者であるタクシー乗務員の自由意思を不当に拘束し労働関係の継続を強要するものであるとはいい難い。

したがって、研修費用返還条項は、本件雇用契約の継続を強要するための違約金を定めたものとはいえず、**労働基準法第16条**に反しないと解するのが相当である。

(3) したがって、被控訴人は、控訴人に対し、研修費用返還条項に基づき、研修費用19万9500円の返還を請求できるというべきである。

6 過失相殺

> **(過失相殺)**
> **第418条** 債務の不履行又はこれによる損害の発生若しくは拡大に関して債権者に過失があったときは、裁判所は、これを考慮して、損害賠償の責任及びその額を定める。

債務不履行に関して債権者に過失があった場合、裁判所は損害賠償責任およびその金額を判断する上で、これを斟酌しなければならない **(民法第418条)**。

これを **「過失相殺」** といい、当事者間の公平の見地から設けられている規定である。この斟酌は、**債務者に故意・過失が存在する限り、必ず斟酌しなければならない (必要的斟酌)**。また、その結果として、債務不履行責任そのものが否定されることもある。

セミナー講師が講演に遅刻したため、会場使用料が余分にかかってしまったという例を考えてみる。債権者である依頼者が、講演会場となるホテルへの案内図を事前に債務者である講師にFAXしていたが、実はその案内図はホテル移転前の案内図だったというような場合、遅刻という債務不履行に関してFAXを送った債権者に過失が認められる可能性があり、損害賠償責任および金額の判断に影響をおよぼすこともあり得るのである。

なお、不法行為責任についても過失相殺の規定があるが、その斟酌は任意的なものであることに注意を要する。

> 過失相殺は、債務者の主張がなくても、裁判所が職権ですることができるが、債権者の過失となるべき事実については、債務者において立証責任を負う（**最判 昭43・12・24**）。

3 債権の譲渡

1 意義

債権譲渡とは、**法律行為によって債権を移転すること**をいう。たとえば、X社がY社に対する売掛金債権をZ社に譲渡することなどがその典型である。この場合の売掛金債権の譲渡は、X社とZ社との契約によって行われ、X社が譲渡人、Z社が譲受人、Y社が債務者となる。

2 債権譲渡の原則と例外

(1) 原則

債権は、自由に譲渡できるのが原則である（**民法第466条第1項**）。債権は、それ自体、重要な財産権であり、債務者にとって不利益が及ばない限りは、自由な譲渡を認めるべきであるというのが**民法**の趣旨である。

(2) 例外

債権の自由な譲渡の例外として以下の場合がある。

> **（債権の譲渡性）**
> **第466条** 債権は、譲り渡すことができる。ただし、その性質がこれを許さないときは、この限りでない。
> **2** 当事者が債権の譲渡を禁止し、又は制限する旨の意思表示（以下「譲渡制限の意思表示」という。）をしたときであっても、債権の譲渡は、その効力を妨げられない。

① 債権の性質上、譲渡ができない場合（民法第466条第1項但書）

たとえば、有名講師にセミナーを開催してもらう債権のように、債権者が変わると給付

債権譲渡

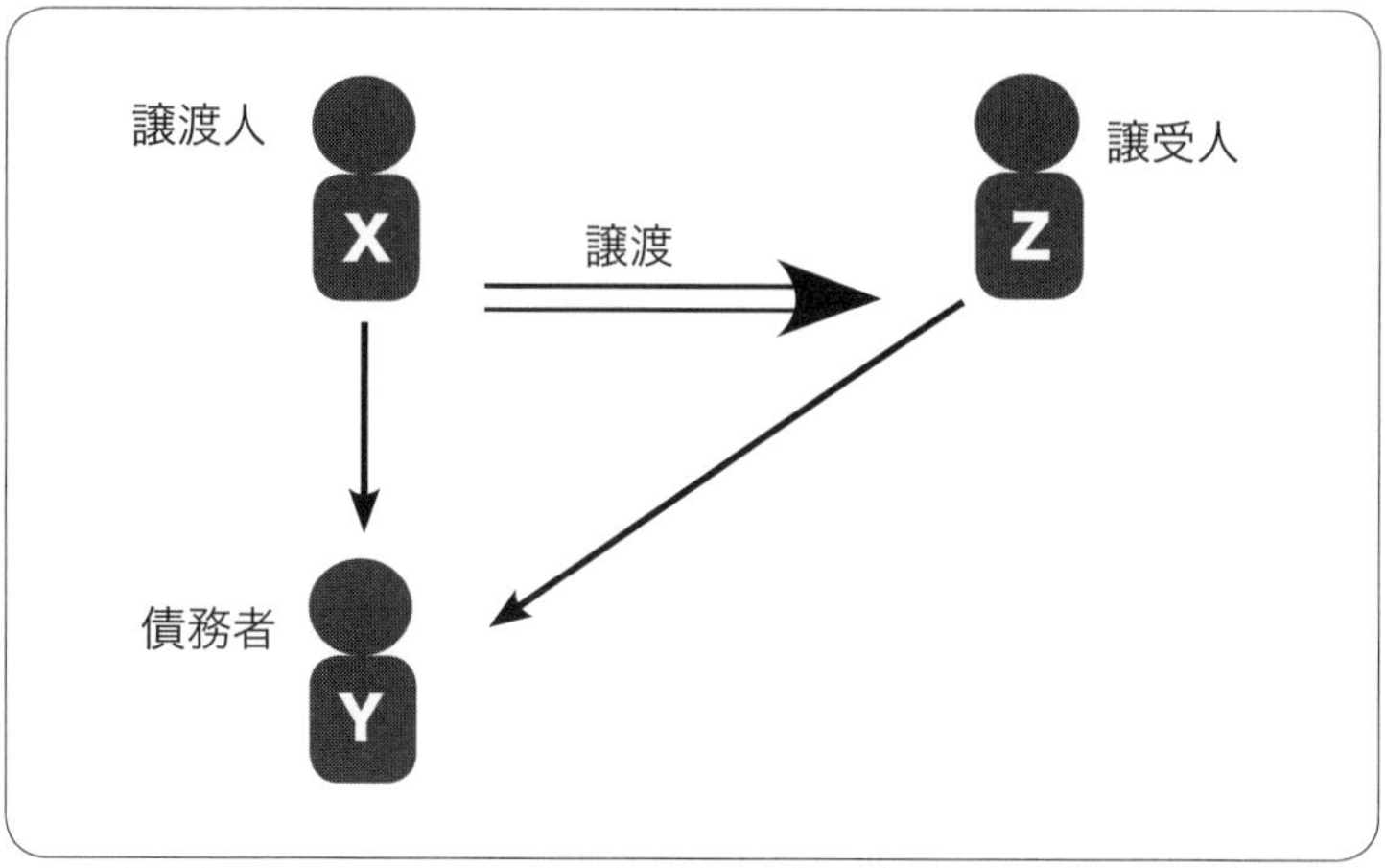

の内容が変わってしまう債権などは、典型的にこれにあたることになる。使用者が、労働者に対して雇用契約に基づいて労務提供を求める権利も、原則的には、譲渡ができない債権である。労働者は、原則として、特定の使用者に対してのみ義務を負担したと見るべきであるからである。**民法第625条第1項**が「使用者は、労働者の承諾を得なければ、その権利を第三者に譲り渡すことができない」と規定しているのも、そのような趣旨に基づいているといえる。

　これに対して、労働者が、使用者に対して、雇用契約に基づいて報酬を求める権利は、純粋な金銭債権であり、譲渡の対象となるが、労務提供の対価としての報酬は、労基法上は**「賃金」（労基法第11条）**にあたり、使用者による賃金の支払いについては、

賃金直接払いの原則（労基法第24条第1項）との関係が問題となる（後述）。

②　法令によって禁止されている場合

金銭債権は、通常は譲渡の対象となる債権であるが、中には、金銭債権でも特定の債権者個人に弁済させようとする趣旨の債権もある。たとえば、労働者が業務上負傷し、又は疾病にかかった場合（いわゆる労災の場合）、災害補償を受ける権利**（労基法第83条第2項）**などがこれにあたる。

③　当事者の意思に基づく場合（民法第466条第2項）

譲渡性のある債権でも、債権者と債務者との間で譲渡禁止の特約を締結することができる。そのような債権を**「譲渡禁止債権」**という。

譲渡禁止債権を譲渡しても、原則として無効となるが、譲受人が善意の第三者であるときは、無効を対抗できない結果、譲受人は債権を有効に取得できることになる**（民法第466条第2項但書）**。この点について、判例では、譲渡禁止特約のある債権の譲受人は、その特約の存在を知らずに債権を譲り受けた場合でも、これにつき重大な過失があるときは、悪意の譲受人と同様、その債権を取得することはできないとされている**（最判 昭48・7・19）**。そうすると、**民法第466条第2項但書**の「善意」というのは、「善意かつ無重過失であること」を意味していることになる。

譲渡禁止特約は、強制執行の場面では効力を認められておらず、差押債権者は、その善意・悪意を問わず、譲渡禁止債権を差押え、かつ、転付命令によって移転することができる**（最判 昭45・4・10）**。

3 債権の譲渡と対抗要件

⑴ 意義

民法は、債権の譲渡に関して第467条に対抗要件の規定を置き、有価証券に関して**指図債権（第520条の2）**、**記名式所持人払債権（第520条の13）**、その他の**記名証券（第520条の19）**、**無記名債権（第520条の20）**という4種類の証券化した債権についての規定を設けている。

⑵ 対抗要件

> **（債権の譲渡の対抗要件）**
> **第467条**　債権の譲渡（現に発生していない債権の譲渡を含む。）は、譲渡人が債務者に通知をし、又は債務者が承諾をしなければ、債務者その他の第三者に対抗することができない。

2 前項の通知又は承諾は、確定日付のある証書によってしなければ、債務者以外の第三者に対抗することができない。

債権の譲渡は、譲渡人が債務者に**通知**をし、または債務者が**承諾**をしなければ、債務者以外の第三者に対抗することはできない**（民法第467条第1項）**。債務者以外の第三者との関係では、**通知・承諾は、確定日付のある証書によって行う必要**がある**（同第2項）**。

債権譲渡は、債権自体を直接譲受人に移転させる処分行為であり、物権を譲受人に移転させる行為と類似している。このことから、債権譲渡の法的性質は準物権行為であると説明される。

そうであるとすれば、売買契約に基づく所有権の移転などの物権行為において、物権の帰属を公示することによって物権取引の安全を図ることと同様に、債権譲渡においても、債権の帰属を公示することによって債権譲渡取引の安全を図る必要がある。

すなわち、民法上、**不動産物権変動については、登記という公示制度**が設けられているが**（民法第177条）**、債権譲渡については、登記のような公示手段に代わるものとして、通知または承諾という方法を要求し、取引安全を図っている。

また、物権行為の場合、たとえば、売買契約に基づく所有権の移転であれば、売主と買主という二当事者と、当事者以外の第三者との関係が問題となるが、債権譲渡の場合には、債権の譲渡人と譲受人という二当事者だけでなく、譲渡される権利の債務者が存在することになる。債権譲渡は、通常、譲渡人と譲受人との契約によって行われるので、債務者も当事者以外の者、すなわち、「第三者」となり、債権譲渡の場合には、「第三者」である債務者との関係が常に問題となる。

民法は、債務者とそれ以外の第三者についての対抗要件の取決めを区別し、債務者との関係では、単なる通知または承諾を、債務者以外の第三者との関係では、確定日付のある証書による通知承諾を要求している。確定日付のある証書とは、たとえば内容証明郵便といったものである。

なお、債権譲渡の場合における譲渡人と債務者との関係は、後述するように二重譲受人相互間と異なり、債権の帰属が両立し得ないものではないので、本来の意味での対抗関係ではなく、譲受人が債務者に対して債権譲渡を主張するための要件（債務者は、通知または承諾が欠けていることを主張して譲受人の権利の行使を阻止することができる）となる。

4 債権の二重譲渡

今、X社がY社に対する売掛金債権をA社とB社に同時に二重に譲渡したとしよう。この場合、A社とB社はY社に対する債権の帰属を争う関係に立つので**対抗関係**となる。そ

債権の二重譲渡

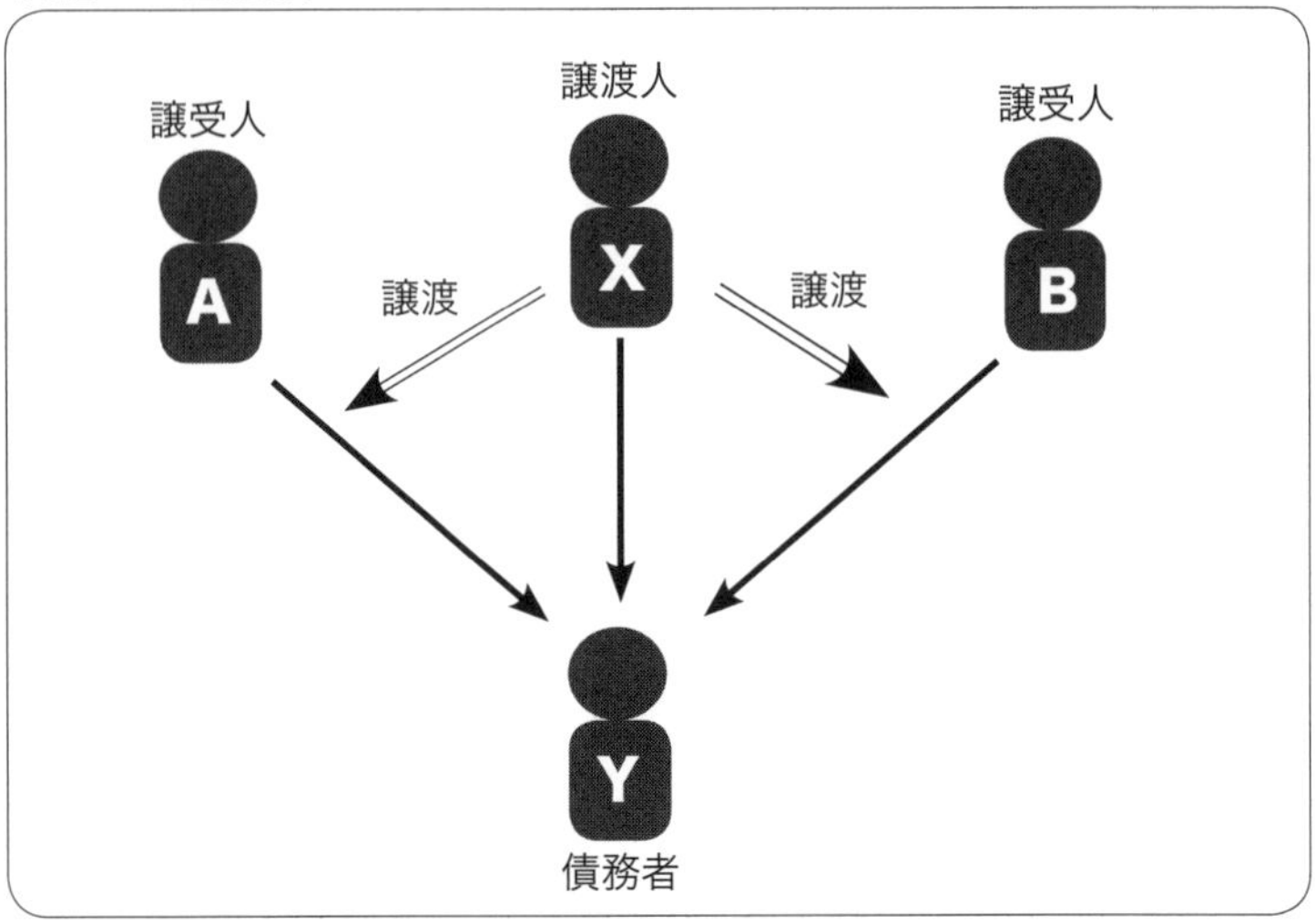

して、二重譲渡された債権の譲受人自らがY社に対する債権者であることを対抗するためには、A社とB社にとって、お互いの会社は**「債務者以外の第三者」**となるので、**確定日付ある証書による通知承諾**が必要となる**（民法第467条第2項）**。そして、その優劣は、Y社への通知の到達の前後またはY社による承諾の日時の前後によって決せられることになる**（最判 昭49・3・7）**。これは、債務者が通知承諾により、債権譲渡の有無を認識することで、第三者へと表示される点に鑑みて判断されたものである。すなわち、債務者は、通知・承諾によって債権者が誰であるかを把握することができ、それに従って、対外的に誰が債権者であるかを示すことができるのである。

なお、確定日付のある証書による通知がY社に同時に到達した場合には、A社とB社ともに対抗要件を備えていることになるので、A社とB社は、Y社に対してそれぞれ全額の請求を行うことができ、Y社は、単に同順位の譲受人が存在することを理由に、弁済の責を免れることはできない（一方の支払いを拒むためには、他方に弁済するなどの債務消滅事由がなければならない **（最判 昭55・1・11）**。また、到達の先後が不明のため債権額が供託された時は、債権額に応じた還付請求権の分割取得が認められる **（最判 平5・3・30）**。

5 債権譲渡の効力

> **（債権の譲渡における債務者の抗弁）**
> **第468条** 債務者は、対抗要件具備時までに譲渡人に対して生じた事由をもって譲受人に対抗することができる。
> **2** 第466条第4項の場合における前項の規定の適用については、同項中「対抗要件具備時」とあるのは、「第466条第4項の相当の期間を経過した時」とし、第466条の3の場合における同項の規定の適用については、同項中「対抗要件具備時」とあるのは、「第466条の3の規定により同条の譲受人から供託の請求を受けた時」とする。

(1) 通知の場合

債権の譲渡人が譲渡の通知をしただけの場合、債務者は、その通知を受け取るまでに譲受人に対して生じた事由を譲受人に対抗することができる（**民法第468条第1項**）。債権譲渡がなされたとしても、債務者が譲渡人に対して対抗できる事由は、原則的には、そのまま譲受人に引き継がれることになるから、債務者は譲受人に対して、従来譲渡人に対して有していた防御手段を講ずることができるのである。

たとえば、X社がY社に対する売掛債権をZ社に譲渡し、X社からY社に対して通知がなされた場合において、通知を受けた時に、Y社がX社に対する反対債権を有している時には、Y社は相殺の意思表示をもって、Z社に対抗することができるのである。

これは、債権譲渡の性質が、債権の同一性を保ったまま移転するというものであることから導かれるものである。すなわち、あくまでX社とY社の間で生じた債権がそのまま移転してくるので、Z社とY社の間の債権となるものではないのである。

(2) 異議なき承諾制度の廃止

債権譲渡をする場合、債務者が譲渡人に対して対抗できる事由が、原則的にはそのまま譲渡人に引き継がれることになるのは（**民法第468条第2項**）、債権譲渡の性質が、債権の同一性を保ったまま移転するというものであるという点に起因するものであることは説明した。

旧民法では、債務者が異議をとどめないで承諾を行ったときには、譲渡人に対抗することができた事実であっても、これを譲受人に対抗することはできないこととされていたが、異議をとどめない承諾は、譲渡債権を回収できないおそれがあるため廃止された。このため、売掛金債権譲渡担保で融資を受ける場合には、支払債務者から支払いを拒絶する抗弁はないことの別段の合意をもらうことになる。

6 賃金債権の譲渡と賃金直接払いの原則の関係

今まで学んできたものを基に、次のような事案を考えてみたい。

ある日、X社に消費者金融であるZから連絡があり、X社従業員YがZから多額の借入れがあること、YがX社に有している債権を譲り受けたので、直接Zにその債権分の支払いをしてほしいとの要請があった。

X社は、以前に自社の取引先であるB社が倒産した際、B社とB社の債権者（C社）の連名で、B社がX社に対して有していた売掛金債権を譲渡した旨の書面が内容証明郵便でX社に配達され、売掛金をC社に支払ったことがあった。

今回の従業員のケースでも、債権譲渡通知書面が内容証明郵便で配達された場合には、どのようにすればよいのであろうか。

これについて、債権譲渡の対象となっている債権が売掛債権などの単純な金銭債権であるか、賃金債権であるかによって、最終的な取り扱いが異なってくるので、場合を分けて比較検討してみよう。

⑴ 売掛金の場合

B社からC社に対する債権譲渡について、譲渡人であるB社から債務者であるX社に対して、通知が行われているので、譲受人であるC社は、債務者であるX社との関係で対抗要件を備えていることになる**（民法第467条第1項）**。したがって、本件X社とZとの間の行為も、以前X社がC社に対して行ったものと同じであり、特に問題はなかった。

なお、債権譲渡の対象となった売掛金債権が、X社とB社間の取決めによって、譲渡禁止の特約が付されていた場合には、譲受人であるC社に債権が有効に帰属しているか否かは、C社が善意無重過失であるか否かで決まってくる**（同第466条第2項）**。C社が、譲渡禁止特約の存在についてどのような認識を抱いていたかという点について、債権譲渡の当事者ではないX社（債務者）には関知できない事情であるので、このようなケースにおいては、X社は、自らの債権者が、B社であるのか、C社であるのかを確知できないという理由で、**債権者不確知供託**を行うこともできる**（同第494条第2項）**。債務者としては、債権者側の倒産などによって、無用なトラブルに巻き込まれないように、基本取引契約書などにおいて譲渡禁止特約を明記しておくのが望ましい。

(2) 賃金債権の場合

まず、YからZに対する賃金債権の譲渡には、YからX社に対する通知が行われれば、Zは、X社との関係で対抗要件を備えることになる。

しかし、いかにZが民法上の対抗要件を備えたとしても、X社がZに対して賃金を支払うことは、**賃金直接払いの原則（労基法第24条第1項）**に違反することになる。したがって、結論的には、X社は、労働者であるYに対して直接賃金を支払わなければならず、Zもまた自ら使用者に対して、その支払いを求めることはできない。これについては、**小倉電話局事件（最判　昭43・3・12）**、**伊予相互金融事件（最判　昭43・5・28）**も**「労働基準法第24条第1項**が、『賃金は直接労働者に支払わなければならない』旨を定めて、使用者たる賃金支払義務者に対し、罰則をもってその履行を強制している趣旨に撤すれば、労働者が賃金の支払いを受ける前に賃金債権を他に譲渡した場合においても、その支払いについては、なお同条が適用され、使用者は労働者に対し賃金を支払わなければならず、したがって、右賃金債権の譲受人は、自ら使用者に対してその支払いを求めることは許されない」と判示している。

もっとも、**労基法第24条第1項**に基づく賃金直接払いの原則は、使用者による賃金の支払いに関する強行規定であり、YからZに対する賃金債権の譲渡そのものを禁止する規定ではない。したがって、債権譲渡そのものは有効であり、ZがX社に対する債権を有効に取得していることは否定できないのである。

そうすると、この場合の使用者であるX社、労働者であるY、賃金債権の譲受人であるZとの関係をどのように理解するかということが問題となる。いまだ立法上解決がなされておらず、ZをYの代理人と構成したりする考えもあるが、どのような判断がなされるか、今後の判例の動向が待たれる。

なお、**国税徴収法・民事執行法**などの法律に基づいて賃金債権が差し押さえられた場合（差押えの範囲は毎月の給料の4分の1**（民事執行法第152条第1項）**には、差押え債権者に支払ってもよいと解釈されている。また、もっとも無難な対応なのは、債務の履行地の供託所に供託をするという方法であろう**（同第156条第3項）**。

4 債権の消滅

1 債権が消滅する原因

契約などの法律行為によって有効に成立した債権は、時効や契約の解除などの一般的な消滅原因によって消滅するのは当然であるが、民法は、債権に特有な消滅原因として、次のようなものを規定している。

まずは、債権がその目的を達成して消滅する場合である。これには**弁済（民法第474条以下）**がある。次に、債権の消滅を目的とする法律行為があり、それが双方の意思に基づくものとして、**代物弁済（同第482条以下）**や**更改（同第513条以下）**がある。債権の消滅を目的とする場合で、債務者の意思のみで債権を消滅させるものには、**供託（同第494条以下）**、**相殺（同第505条以下）**が存在する。そして、債権の消滅が債権者の意思による場合として**免除（同第519条以下）**がある。この他に、債権を存続させる必要自体が消滅してしまった場合で**混同（同第520条以下）**がある。

2 弁済

(1) 意義

弁済とは、履行と同じ意味を有しているといえる。つまり、**契約で定めた通りに債務を果たすことにより、正常に債務が消滅する**場合である。売買契約であれば、代金の支払いと目的物の引渡しである。これらによって、代金債務と目的物の引渡債務が消滅することになるのである。

つまり、債務を弁済するときには、もちろん債務者の行為は必要であるが、債務者の行為のみによって債権を消滅させることはできないのである。すなわち、債権者の受領が必要なのであって、債務者と債権者との協力によって最終的に債権が消滅することになるのである。

なお、弁済には必ずしも弁済意思を必要としない。弁済の内容の給付が単なる事実のこともあるが、それが何らかの行為であるときは弁済は法律行為に準じる準法律行為となって、法律行為の規定を類推適用できる。

(2) 弁済の提供

債務を消滅させるために、債務者はどこまでのことをやればよいのであろうか。給付に必要な準備をして債権者の協力を求めるところまですれば、債務不履行責任を免れさせてもかまわないといえるであろう。この給付に必要な準備とその申出を**「弁済の提供」**という。弁済の提供は、債務の本旨に従って現実にしなければならない**（民法第４９３条）**。いわゆる**「現実の提供」**というものが必要となる。たとえば、代金支払債務を負う買主は、売主に現金を持参して、これを差し出すことが必要である。債務の本旨に従った提供が必要だから、一部の提供では現実の提供とはいえない。ただし、計算違いによりわずかに不足があるような金銭の提供のように、重大ではない軽度の瑕疵があるに過ぎない場合は信義則上、現実の提供を認めることができる。

これを労働関係に置き換えて説明する。いま病気にかかって、工事現場において会社の要求する水準の仕事はできないが、事務作業なら労務の提供ができる労働者Xがいるとしよう。この場合、現に就業を命じられた特定の業務について労務の提供が十全にはできないとしても、その能力、経験、地位、当該企業の規模、業種、当該企業における労働者の配置・異動の実情および難易などに照らして、当該労働者が配置されている現実的可能性があると認められる他の業務について労務の提供をすることができ、かつ、その提供を申し出ているならば、信義則上債務の本旨に従った労務の提供がないとはいえないと解されている（**片山組事件　最判　平10・4・9**）。判例は、労働者の身体的な原因によって労務の提供に制約が生じた場合に、その能力、経験、地位などにかかわりなく、現に就業を命じられている業務によって、労務の提供が債務の本旨に従ったものになるか否かが左右されることは不合理であると考えたのである。

以上のとおり、債務の消滅には現実の提供が必要ではあるが、例外的に、債権者があらかじめ弁済の受領を拒んでいたり、または、債務の履行に債務者の行為が必要なときには、口頭で弁済の準備をしたことを告げれば足りると規定されている（**民法第493条但書**）。ただし、債務者がいかなる場合も債務の履行を拒むと、強固に意思表示している場合には、口頭の提供すら不要であるとするのが判例の立場である（**最判 昭23・12・14、最大判 昭32・6・5**）。

(3) 弁済の場所

弁済をすべき場所について別段の意思表示がないときは、特定物の引渡しは債権発生の時にその者が存在した場所において、その他の弁済は債権者の現時点での住所において、これをしなければならない（**民法第４８４条**）。

労働者の雇用契約に基づく労務提供義務についていえば、労働者は、始業時間までに就業場所に赴いて、通常業務を行い得る体制を整えておかなければならないということである。

(4) 使用者の受領と就労請求権

債権者、労働者の労務提供義務でいえば、使用者の労務提供の受領によって、弁済が完了することになるが、使用者は常に、労働者の労務提供を受け取らなければならないわけではない。通説的には、特約がある場合や特別の技能を有する労働者である場合を除いて、労働者の側から使用者に対して就労させることを請求する権利（**就労請求権**）は認められないと考えられている。

以下で就労請求権について詳しく見てみよう。

労働契約により、労働者は使用者に対して、自分を実際に業務に従事させるように請求することができる権利（就労請求権）が発生するかが議論されている。たとえば、使用者が訳あって労働者を待機させているような場合、労働者に「現実に就労させろ」と言える権利があるのかということである。

これについて、労働者にとって現実に労働することは、人格を形成する上で不可欠なものであるから、労働者に就労請求権を認めるべきであるという考えがある。この場合、労働者から「現実に就労させよ」という請求に応じない場合、使用者は債務を履行していないということになる。反対に、労働契約の本質は、労務の提供と賃金の支払いという対価関係であるとして、使用者は賃金さえ支払えばなすべき義務は果たしているのであるから、労働者に就労請求権など認めなくてよいという考えもある。この場合、使用者に就労させる義務は生じないので債務不履行とはならない。

では、実際の判例ではどのように運用されているのであろうか。**読売新聞社事件（東京高決 昭33・8・2）**では、①労働契約などに就労請求権についての特別の定めがある場合、または、②労務の提供について労働者が特別の合理的な利益を有する場合を除き、一般的には労働者は就労請求権を有するものではないとしている。すなわち、原則的に否定しており、特別な約束がある場合及び特別の合理的理由が認められる場合に限り、就労請求権が発生すると考えているのである。例外的に就労請求権が認められた事件として、**レスト**

ラン・スイス事件（名古屋地判 昭45・9・7）や**東北福祉大学事件（仙台地判 平9・7・15）**などがある。

判例その① レストラン・スイス事件（名古屋地判 昭45・9・7）

〈特別の合理的理由があるとした裁判例〉

レストランのコックが、裁判所に対し「レストランはコックが就労するのを妨げてはならない」旨の命令を求めたという事案である。この事件で裁判所は「調理人としての技量はたとえ少時でも職場を離れると著しく低下するものである」として、レストランのコックには「特別の合理的理由」があるとした。

判例その② 東北福祉大学事件（仙台地判 平9・7・15）

〈大学教員は特別の技能者であることを認めた裁判例〉

大学の教員が学生への講義を禁止する旨命じられ、この命令の無効を主張して訴えを提起した事案である。裁判所は「大学の教員にとって、学生に教授することは、その学問研究の成果の発現の機会であるとともに、このような機会において学生との対話などを行うことは、さらに学問研究を深め、発展させるための重要かつ不可欠の要素であるということができるから、大学の教員が、学生に対して講義を担当することは、単なる義務というにとどまらず、権利としての側面をも有しているものと解するのが相当である」として、教員に就労請求権を認めた。

しかし、同時に、労使の均衡を保つという「衡平」の原則からすると、労働者の争議行為によって労使間の勢力の均衡が破れ、使用者側が著しく不利な圧力を受けている場合には、労使間の勢力の均衡を回復するための防衛対抗手段として、使用者による対抗防衛的ロックアウトを正当なものと認めている。ここでいう「正当」なロックアウトについては、**民法第536条第2項の使用者の「責めに帰すべき事由」**が否定され、使用者の賃金支払義務が消滅するものと解される。

3 債務不履行と危険負担

(債務者の危険負担等)

第536条 当事者双方の責めに帰することができない事由によって債務を履行することができなくなったときは、債権者は、反対給付の履行を拒むことができる。

2 債権者の責めに帰すべき事由によって債務を履行することができなくなったときは、債権者は、反対給付の履行を拒むことができない。この場合において、債務者は、自己の債務を免れたことによって利益を得たときは、これを債権者に償還しなければならない。

たとえば労働契約の場合、労働者には労働力を提供するという債務と賃金支払いを求める債権が発生し、使用者には賃金を支払うという債務と労働力の提供を求めるという債権が発生している。このように、当事者の双方に債権・債務が発生する契約を**「双務契約」**という。

つまり、当事者の「双」方が債「務」を負担するから双務契約といい、売買契約を代表例として、契約の多くは双務契約である。

この双務契約特有の問題として、双務契約の一方の債務が履行できなくなった場合に、他方の債務がどうなるのか、という問題（双務契約の存続上の牽連関係）がある。

この点に関しては、その債務不履行（履行遅滞や履行不能）が、(1)**債務者の責めに帰すべき事由による場合**であるか、(2)**債務者の責めに帰すべき事由によらない場合**であるかによって、その後の法的処理が異なってくる。

(1) 債務不履行が債務者の責めに帰すべき事由による場合

債務の履行が遅滞し、あるいは履行不能となった場合、債務者に責めに帰すべき事由があれば債務不履行となり、債権者は債務者に対して損害賠償を請求することができる（**民法第415条**）。その債務が理論上履行可能なものである場合には、債務は消滅せず、債権者はなお債務の履行を求める事ができる。それに対して、理論上履行が不可能となってしまった場合は、履行不能として確定し、債務は消滅することになるが、損害賠償請求が可能なため、本来の債務が損害賠償債務に転化したということもできる。

⑵ 債務不履行が債務者の責めに帰すべき事由によらない場合

債務の履行遅滞や履行不能が債務者の責めに帰すべき事由によらない場合は、履行不能ならば債務は消滅し、しかも損害賠償の義務もないことになる。これは債務者に帰責事由がない以上は当然のことである。履行遅滞の場合は、遅延に関する賠償をする必要はない。

一方の債務が履行遅滞、履行不能となった場合に、反対債務はどうなるのだろうか。前述のように、履行不能が債務者の責任であるときは、その債務者が本来履行すべきであった行為に代えて損害賠償をすることになるのだが、債務者の責任ではない不可抗力によって債務の履行ができなくなった場合は扱いが異なる。

たとえば、Aが自己所有の家屋をBに売る契約をした後、その引渡し前に家屋が落雷により焼失してしまったとする。するとAの家屋引渡債務は不可抗力によって履行不能となり、消滅することになる。この場合において、反対債務であるBの代金支払債務も消滅するとすれば、不可抗力による家屋焼失の不利益は債務者A（焼失した家屋に関する債務者）が負担することになるが、Bの代金支払債務が存続することにするならば、その不利益は債権者B（焼失した家屋に関する債権者）が負担することになる。

この、債務者の責によらない履行不能に関する不利益を、履行不能となったものに関する債権者・債務者どちらが負担するかという問題を**「危険負担」**の問題という。債権者に負担させるという主義を「債権者主義」といい、債務者に負担させる主義を「債務者主義」という。

なお、**危険負担における債権者・債務者というのは、履行不能となった目的物を基準にして見る**ことにくれぐれも注意されたい。その目的物を給付すべき立場にあった当事者が債務者で、その給付を要求する立場にあった当事者を債権者とよぶのである。

民法は**第５３６条**に危険負担に関する規定をおいている。**民法**の原則は債務者主義なのであるが、特定物に関しては例外的に債権者主義を採用している。以下、順に見ていくこととする。

4　危険負担と労働契約

とすることとする。

(1) 危険負担の労働契約への適用

民法の危険負担が、労働契約においてどのように適用されるかについても検討することとする。

労働契約において危険負担を考える際に、履行の不能が問題となるのは、労働者の労務提供義務である。この義務に関しては、使用者が債権者、労働者が債務者ということになる。

労働者Xが疾病を発症したとしよう。この場合、その傷病の原因が、①労働者の責めに帰すべき事由によるもの、②労働者の責めに帰すべき事由によらないもの、③使用者の責めに帰すべき事由によるもの、の三つが考えられる。

① 労働者の責めに帰すべき事由によるもの

①については、たとえば、労働者がスキー場でスキーやスノーボードで滑走中、自己の不注意によって負傷したような場合などがあげられる。この場合には、労働者に帰責事由が存在するため、労務提供義務に関する債務不履行の問題となり、危険負担の問題とはならない。

② 労働者の責めに帰すべき事由によらないもの

労働者の疾病が、不注意など労働者の責めに帰すべき事由によらないものであり、使用者にも帰責事由がない場合は、危険負担の問題となる。**民法第536条第1項**は「当事者双方の責めに帰することができない事由によって債務を履行することができなくなったときは、債権者は反対給付の履行を拒むことができる。」としている。したがって、労働者は使用者のすべき反対給付、つまり賃金を請求することはできないことになる。

③ 使用者の責めに帰すべき事由によるもの

労働者の疾病が使用者の責めに帰すべき事由によるものである場合は、**民法第536条第2項**が「債権者の責めに帰すべき事由によって債務を履行することができなくなったときは、債権者は反対給付の履行を拒むことができない。」と規定していることから、使用者に対する賃金請求権は存続する。たとえば、健康を害するような長時間労働によって傷病を発症したような場合、労働者は使用者に対して使用者の安全配慮義務違反という債務不履行責任も同時に追及可能である。

(2) 休業手当と危険負担

冷凍食品に、農薬のマラチオンが混入していた問題をとりあげよう。たとえば、この問題の影響を受けて、農薬が商品に混入していた冷凍食品メーカーA社とは別の冷凍食品メーカーをY社の売上にも大幅な減少が生じたとしよう。このY社は当面、商品の生産を停止せざるを得ない事態に追い込まれ、従業員である労働者Xをはじめとした社員に自宅待機を命じることとなった。この場合、労働者Xは労務提供義務が履行不能となったわけであるが、その履行不能の原因がY社の売上の大幅な減少である。この売上大幅減少による生産停止は、A社の冷凍食品に農薬が混入された影響を受けたものであり、Y社に「責めに帰すべき事由」があるとまではいえないであろう。もちろん、労働者Xにも帰責事由があろうはずがない。そのため、当事者双方に帰責事由が存在しない場合について定めた**民法第536条第1項**が適用され、**（債務者主義の原則から）**労務提供義務の債務者であるXは、反対給付の賃金支払いをY社に対して請求することができないことになる。

以上が、民法の原則になるが、**労基法第26条**には、

> **（休業手当）**
> **第26条**　使用者の責に帰すべき事由による休業の場合においては、使用者は、休業期間中当該労働者に、その平均賃金の100分の60以上の手当を支払わなければならない。

使用者に責めに帰すべき事由がある休業の場合には、平均賃金の60パーセント以上の休業手当を支払わなければならないという規定が存在する。ここで問題となるのが、**労基法第26条**における「使用者の責めに帰すべき事由」と、**民法第536条第2項**の「債権者の責めに帰すべき事由」が、果たして同じなのか否かということである。

両者が同一の内容を意味するとすれば、先程の例のY社には、「債権者の責めに帰すべき事由」が認められなかったため、労基法上も「使用者の責めに帰すべき事由」が認められないことになり、休業手当の支払義務を免れることになる。しかし、この点に関して判例は、**労基法第26条**の「使用者の責めに帰すべき事由」を**民法第536条第2項**の「債権者の責めに帰すべき事由」よりも広く解しており**(ノース・ウエスト航空事件 最判 昭62・7・17)**、民法上の帰責事由とならない経営上の障害なども、天災など不可抗力でない限りは帰責事由に含まれるとしている。よって、労働者XはY社から労基法上の休業手当の支払いを受けられることになる。

5 雇用契約

1 契約各論

いままでは、契約行為一般に言えることを解説してきた。今回は、**民法**が定める**典型契約**の一つひとつをミクロ的に分析していく。典型契約については解説したが、このうち、**他人のために仕事をして一定の報酬を受けるという契約関係**について規定しているのが、**雇用(同第623条以下)**、**請負(同第632条以下)**、**委任(同第643条)**である。典型契約をすべて解説するには膨大な時間が必要となる。今回は、労働関係において特に問題となる雇用・請負・委任について、解説することにしよう。

労働契約も、使用者と労働者との私法契約であり、その法律関係については、強行的・直律的効力を有する労基法の規定に反しない限りは、民法の規定が適用されることになる。したがって、労基法が適用される労務提供契約である労働契約の法律関係を理解する上でも、民法上の雇用契約・請負契約・委任契約を集中的に学ぶことは非常に有用であるといえるであろう。昨今、アウトソーシングの一環として、業務委託がなされるケースも増加してきている。業務委託契約という契約は存在しないので、基本的には契約自由の原則により当事者の合意によって決定されることになるが、いかなる契約と類似点があり、どの部分を修正しているかを知ることは、その契約の性質が何であるかを理解するために重要な指針となるのでよく理解してほしい。

2　雇用契約の意義

「雇用契約」とは、当事者の一方（労働者）が相手方（使用者）に対して労働に従事することを約束し、相手方がこれに対しその報酬を与えることを約することによって成立する契約をいう**（民法第623条）**。

雇用契約は、労働者の労務提供義務と使用者の報酬支払義務が対価関係にある、有償・

双務契約である。

なお、ここでいう**「報酬」**は、労基法上**「賃金」（労基法第11条）**となる。

3 雇用契約をめぐる債権・債務関係

「債権者」と「債務者」という概念は、雇用契約のような**有償双務契約**（契約当事者の双方が互いに対価的な債務を負担する契約）においては基礎的なもので、ここのところが理解できていないと、労働法としてはそれ以上先の理解が困難となるであろう。

雇用契約については、**民法第623条**で、「雇用は、当事者の一方が相手方に対して労働に従事することを約し、相手方がこれに対してその報酬を与えることを約することによって、その効力を生ずる」と規定されている。

この雇用契約をめぐる債権・債務関係において、A（労働者）はB（使用者）に対して**労働義務**を負い、BはAを指揮命令して自己の事業のために必要な労務を手に入れるという**労務給付請求権（労務指揮権）**を有する。一方、Bは**報酬の支払義務**（報酬を賃金と言い換えれば、**賃金支払義務**）を負い、Aは**報酬請求権（賃金請求権）**を有することになる。これが、雇用契約から生ずる基本的な権利・義務関係である。

ここで、使用者側Bから労働者側Aに「報酬を与える」という点に着目すると、使用者側は報酬（賃金）を与えることを約束するわけだから、雇用契約上、賃金を支払う義務を負い、反対に労働者側はこれに対して賃金を請求する権利を有することになる。報酬という点に着目すると、労働者が「債権者」であり、使用者は「債務者」であるということになる。

もう一方の「労働に従事する」という点から見ると、債権・債務関係は逆方向になるから、この場合には使用者が「債権者」となり、これに対して、労働者は「債務者」という関係になる。

このように**「債権者」、「債務者」というのは、着目する権利によって立場が入れ替わる相対的なもの**である。この債権者、債務者という概念を明確に区別し認識できないと、たとえば、労働関係においても重要な意義を持つ、**民法第５３６条第２項**の規定を正確に読み取ることができないことになる。

たとえば、使用者が労働者を解雇したが、労働者が不当解雇だとして解雇の効力を争った結果、解雇が無効となった場合、解雇日以降も雇用契約は続いていることになるから、使用者は解雇した日以降の賃金を労働者に遡及して支払わなければならないのである。

その根拠条文が**民法第５３６条第２項**である。「労働に従事する」という点に着目すれば、労働者＝債務者、使用者＝債権者ということになる。この場合、労働者が労働に従事できなくなったのは、債権者である使用者の責めに帰するべき無効な解雇によるものである。

したがって、**民法第５３６条第２項**の規定は、その前段だけについてみると、「使用者の責めに帰すべき事由（無効な解雇）によって（労働者が）労働に従事することができなくなったときは、労働者は反対給付（賃金）を受ける権利を失わない」と認めることになる。

4 労働者の義務

> **（使用者の権利の譲渡の制限等）**
> **第625条** 使用者は、労働者の承諾を得なければ、その権利を第三者に譲り渡すことができない。
> **2** 労働者は、使用者の承諾を得なければ、自己に代わって第三者を労働に従事させることができない。
> **3** 労働者が前項の規定に違反して第三者を労働に従事させたときは、使用者は、契約の解除をすることができる。

労働者は、使用者に対して労務提供義務を負担している。労務提供義務の具体的内容は、契約によって定まることになるが、雇用契約は、本質的に労働者の使用者に対する従属的な労働を前提に継続的な契約関係を形成するものであるため、労働者は、使用者の指揮命令に従って、原則として自ら労務を提供しなければならない**（民法第625条第2項）**。労働者が、使用者の承諾なく第三者を労働に従事させたときは、使用者は契約を解除できることになる**（同3項）**。

他方、使用者もまた、労働者の承諾なく労務提供を受け取る権利を第三者に譲渡することはできない**（民法第625条第1項）**。この規定は、労働者にとって労務適用先が変更される、いわゆる**転籍**の場合に、労働者の同意が必要であることと関係している。

その他、労働契約に付随して、信義則上の競業避止義務、情報保護義務、忠実義務などが認められるが、これらについては解説済みである。

5　使用者の義務

> **（報酬の支払時期）**
> **第624条**　労働者は、その約した労働を終わった後でなければ、報酬を請求することができない。
> **2**　期間によって定めた報酬は、その期間を経過した後に、請求することができる。

使用者は、雇用契約に基づいて、労働者に報酬の支払義務を負担している**（民法第623条）**。

民法は、報酬の支払時期について、契約に従って労務提供を行った後でなければ報酬を請求できない、いわゆる**「報酬後払いの原則」**を規定している**（同第624条第1項）**。また、期間をもって報酬を定めた場合には、その期間が経過した後に、その期間相当分を請求することができる**（民法第624条第2項）**。

報酬の支払いについて、民法は、上記の点以外に特に規定を設けておらず、当事者の合意に委ねているが、労基法上は、いわゆる**賃金払い5原則**が規定されているため、最低限、使用者には、これらの原則の遵守が刑事罰をもって強制されている。

「賃金払い五原則」

(1) 通貨払い
(2) 直接払い
(3) 全額払い
(4) 毎月一回以上払い
(5) 一定期日払い

また、雇用関係が成立することで、付随的に信義則上の安全配慮義務や就労配慮義務なども発生するが、これについても解説済みである。

第六章

債権各論

Gnothi seauton
汝自身を 知れ

Cogito ergo sum
我想う 故に我あり

1 契約以外の法律関係（事務管理・不当利得・不法行為）

これまで、契約によってどのような債権債務が発生し、それがどのように形を変え、消滅するかということを学んできた。契約によってということは、当事者双方の同意があってということである。しかし、当事者の合意によらず、すなわち契約以外で債権債務が発生する原因となるものも存在する。

たとえば、首輪をつけた犬がうろうろしていたため飼い主の元に届けてやった場合の交通費、テナントの契約期間が終了したにもかかわらず居座り続ける店子の賃料分の費用、知人から暴行を受けて怪我をした場合の治療費である。これらは、それぞれ事務管理・不当利得・不法行為という根拠に基づいて、相手方に債務の履行を請求できることになる。以下でこれらについて解説していこう。

2 事務管理

事務管理とは、たとえば、台風で破損している隣家の屋根を修繕するなど、**義務がないにもかかわらず、他人のためにその事務を処理する行為**をいう。**民法第697条**にその規定がある。

> **（事務管理）**
> **第697条**
> 義務なく、他人のために事務の管理を始めた者（以下この章において「管理者」という。）は、その事務の性質に従い、もっとも本人の利益に適合する方法によって、その事務の管理（以下「事務管理」という。）をしなければならない。
> 2 管理者は、本人の意思を知っているとき、又はこれを推知することができるときは、その意思に従って事務管理をしなければならない

1 事務管理の趣旨

本来、人は自己の事務を自由に処理するべきであり（**私的自治**）、他人の事務に干渉するには委任・請負・代理などの相当の原因に基づく権限や義務がなければならない。しかし、たとえば、海外赴任で長期出張中の隣家の屋根が台風によって破損していた場合に、家主である本人に代わって修理をすることを否定するのは、社会常識に反するのではないであろうか。社会生活における相互扶助の観点から、一定の場合には権限や義務のないものに

も他人の事務を管理することを認める必要がある。

そこで、**民法**は事務管理を認め、本人に対して事務管理者の支出した費用を償還する義務を負わせるとともに、管理者に対し本人の意思や利益に適合するように管理を継続すべき義務を課している。

2 事務管理の要件

以上のような事務管理の趣旨から、事務管理に関しては「義務なく」「他人のために事務の管理を始めた」ことが必要となる。

「義務なく」とは、本人のためにその事務を管理すべき義務を負担していないということである。**「他人のために事務の管理」**とは、本人の利益を図る意図で事務を管理することを意味する。最初から義務があれば、それは何らかの契約（たとえば請負や委任、雇用）に基づいて、その義務が発生しているということであるから、事務管理とは言えない。また、自分の利益のみを図って行為を行って費用の請求を認める、つまり自分勝手なおせっかいに権利を与えてしまうのは、私的自治の原則にも反する。そこで、**事務管理をする場合には本人の意思や利益に適合することが求められている**（もちろんその意思が強行法に違反する場合や公序良俗に反する場合にはこの限りではない）。もっとも、自己の利益と相手方の利益が並存するような場合であっても、自己の利益のみを追求するような場合でなければこの要件には反しない。

3 事務管理中の義務

事務管理を始めた場合、**管理者は、原則として、「善良な管理者の注意をもって」事務の管理を継続する義務が発生**する。この**善管注意義務**は債務者（管理者）の属する職業・地位などにおいて一般的に要求される注意の程度を意味している。そして、事務管理は管理者が勝手に始めるものであるという側面があり、始めたからにはきちんと最後まで責任を持たなければならないのも当然のことであろう**（民法第７００条）**。

また、管理者が事務管理を開始した場合には、遅滞なく本人にその旨を通知する必要があり**（同第６９９条）**、本人から報告を求められた場合には状況報告、事務が終了した場合には終了報告を行わなければならない**（同第７０１条、同第６４５条ないし第６４７条）**。

4 事務管理の終了と費用償還請求

（管理者による費用の償還請求等）

第702条　管理者は、本人のために有益な費用を支出したときは、本人に対し、その償還を請求することができる。
2　第650条第2項の規定は、管理者が本人のために有益な債務を負担した場合について準用する。

事務管理は相互扶助のために行われるもので、営利を求めるものではないが、かかった費用は請求できる。これは当事者の公平、信義則といった観点から導かれる。

これについて、第1項に定める**「有益費」**とは、**保存費**と**必要費**を指す。有益であるか否かは、事務管理の当時を基準として客観的に定めることになる。その当時において有益であれば、その後有益でなかったことが判明したとしても「有益費」に該当することになる。

そして、事務管理はあくまで相互扶助の精神における当事者間の公平という点がその趣旨であるので、原則的に「報酬」というものは観念できない。つまり、報酬はプラスアルファの費用であって、ここで請求することができるのは、あくまで実費としてかかった費用のみである。

いままでのことを具体的に考えてみる。Y（本人）の隣に家を構えるX（管理者）は、

Y家族が留守中、台風によって飛ばされた屋板瓦の修理費用として、瓦を10万円で購入してY家の屋根を修繕した。しかしながら、その後、円高の影響によって、屋根瓦の原材料の価格が下落し、Yが帰国したときには瓦の価格は8万円となっていた。ここで、Xは瓦の代金10万円と自分が修理をしたことによる手間賃1万円の計11万円をYに請求した。これに対してYは、屋根はXが勝手に修理したのであるから手間賃など考えられないし、瓦の代金は払うとしても、価格は8万円なのであるから、8万円しか払わないと反論している。

さて、上記の考え方によれば、屋根の修理費用はYにとって不利なことではなく、その意思に明確に反するものであるとはいえない。そして、Xは自己の利益を図っているわけではないし、もともと屋根を管理する義務があったという事実もない。そうだとすれば、XとYの間に事務管理が成立すると解するのが相当である。そして、事務管理にかかった有益費は瓦の代金10万円で、その基準は事務管理の当時を基準として判断されるのであるから、10万円ということになる。もっとも、管理者には報酬の請求権は存在しないので、手間賃を請求することはできない。よって、XはYに10万円の瓦の代金を請求できるにとどまる。

5 労働事件と事務管理

労働事件において、あまり事務管理の例は存在しないので、少々強引ではあるが次のような事例を考えてみた。

Y商事は半導体をメインとして輸出する企業である。XはY社で30年間働き、営業2課の部長として尽力していた。しかし、折からの円高と長引く不況で、Y社の経営再建の努力もむなしく、Y社は整理解雇を敢行することになった。Xはそのリストラの対象となり、Y社を去ることになった。しかしながら、責任感の強いXは仕事の引き継ぎも中途半端であったことから、このままでは進行中の計画も頓挫し、会社が損害を被りかねないと考え、解雇後もY社において仕事を続け、その結果、進行中の計画はうまくまとまった。

これを受けてXは、解雇はされたものの、自己の果たした仕事分は事務管理にあたるとして、給与相当額の請求をY社にすることにした。Xの請求は認められるであろうか。

この事例でXはY社のために残りの仕事を遂行している。XはY社を解雇されており、Xには労務提供義務はもはや存在しない。そうだとすると、「義務なくして」の要件は満たすといえる。そして、当該業務はY社のものであり、「他人のために事務を管理」しているといえそうである。

しかし、Y社としては特別な事情でもない限り、解雇した者に会社の業務を任せる意思はなく、特別な事情も存在していない。そして、このように考えるのが一般社会通念上、通常であるといえる。そうだとすると、Xの行為はYの意思に反しているといえる。

したがって、本事例において事務管理は成立せず、Xの請求は認められないということになろう。

では、もう一つこのような事例ではどうだろう。

Y商事に勤めるXは、営業部に所属している。Xは社内で残業をしていたところ、台風が急速に発達してY社のある地区に上陸するというニュースを聞いた。このままでは、翌日に発送予定の荷が危険であると判断したXは、引っ越し業者であるZを呼んでY社の荷を倉庫内に運び込んだ。Zへの費用はXが負担した。通常の管理の業務は管理部の仕事で、営業部のXには、荷の管理権限は与えられていなかったが、退社時間を過ぎていたということもあって、管理部の職員は誰一人いなかったという事情がある。このような事情の下で、Xは翌日Y社の経理部にZに支払った費用を請求した。しかし、Y社経理部はXが権限外のことを勝手にしたのであって、支払う義務はないとXの請求を突っぱねた。さて、Xは事務管理が成立するとして、費用分を請求できるであろうか。

これについては、管理部ではないXに荷物の管理義務は存在しておらず、「義務なくして」の要件に該当する。また、Xの行為はY社のための行為であり、「他人のために事務管理」をはじめたといえる。そして、一般社会通念上、荷物を避難させることは本人の利益に合致するものであり、意思に反するとはいえない。したがって、本件においては事務管理が成立することになる。

3 不当利得

不当利得とは、**法律上の根拠がないにもかかわらず、利益を得た者（受益者）がいる一方で、損失を被った者（損失者）がいる場合に、損失者が受益者に対して、受益者の得た利得の返還を請求すること**をいう。

たとえば、車の売買契約で、ディーラーYが新車の売値を300万円としたのに対して、買主Xが間違えて600万円支払ってしまったという場合、300万円については売買契約が成立しており、ディーラーYは法律上の根拠をもって利得を得ることができるが、残りの300万円について、Yは何の法的根拠もなく得ているということになる。法的根拠のないことを法律上の原因というが、法律上の原因なく利得を得ている場合、その原因のない部分に関して利得を得た者は、損失を被った者へ、その利得分を返還しなければならない。つまり、XはYに対して300万円の返還を請求することができるのである。

1 不当利得の趣旨

不当利得という制度は、法律関係にない受益者と損失者の間の利得と損失の均衡を図り、正当な理由なくして財産的利得をなし、これによって他人に損害を及ぼした者に対して、その利得の返還を命じ、当事者間の公平回復を実現する為に定められている。実質的な公平の実現ということである。

2 不当利得の要件

（不当利得の返還義務）
第７０３条
　法律上の原因なく他人の財産又は労務によって利益を受け、そのために他人に損失を及ぼしたもの（以下この章において「受益者」という。）は、その利益の存する限度において、これを返還する義務を負う。

(1) 他人の財産又は労務によって利益を受けたこと（受益）

他人の財産権・財産的利益の移転を受ける場合が通常であるが、他人の財産が消滅し、それによって自己の財産が増加する場合をも包含する。

たとえば、自己の占有する他人の動産を善意の第三者に有償譲渡し、第三者が所有権を取得した場合や、他人の債権を行使して善意の債務者から弁済を受けたような場合である。

(2) 他人に損失を及ぼしたこと（損失）

直接的に自己の財産が減少することのみならず、その事実がなければ財産の増加することが普通である場合、**「損失」**があるといえる。また、財産は金銭的価値を有する権利の総和にとどまらず、これを利用し得る可能性をも含む。

たとえば、権限なく他人の家屋を利用した場合、家屋所有者の事情を問わず、家賃相当額の「損失」ありとされる。また、銀行の預金が相続財産となっており、共同相続人の一人が銀行からその相続分を超えて払い戻しを受けた場合も、他の相続人は自己の相続分については未だ債権者であるから、銀行には損失があるといえる。

(3) 因果関係があること

受益と損失の間に、社会観念上、相当の因果関係があることが必要である。厳密な意味での法的因果関係は要求されていない。ある程度の関連性があれば足りるとするのが通常である。

(4) 法律上の原因がないこと

利得者に帰属した利得をそのまま損失者に対する関係においても保有させることが公平の原則に反することをいう。すなわち、ある者が利得を得たが、その利益を得させる原因もなく、帰属した利益をそのまま帰属者に残存させておくことが、不当不公平だと思われる場合のことである。なぜならば本来利益が帰属すべき者に返還されていないからである。公平に反するといえる場合のことである。

3 不当利得の効果

民法第703条によれば、**利益の存する限度**において、返還をする債務が生じることになる。利益の存する限度とは、現存する利益の範囲で、その利益を返還する必要があるということである。

利益の現存の有無は実質的に考える。たとえば、金銭や物を利得して、その財物を他人に貸している場合や、金銭であれば銀行に預金している場合などは、実際の現物が手元になくなっても、返還請求権という形で債権が手もとに残っているので、いまだ利益が存在していると評価できる。

また、得た利得を生活費にあてたような場合にも、利得はいまだ現存していると評価できる。というのも、生活費とは、あえて支出しようとしなくても、支出されるという性質のもので、現実的に得た利益から支出されたとしても、それはすなわち、他の支出が免れたということであるから、利益はいまだに現存していると評価できるのである。

これに対して、競馬や競艇、飲み代やデートなどの個人的な交際費に支出されてしまった場合は、利益が支出されたと評価できることになる。

では、損害があったときや、利息が発生しているようなときは、どのように考えればよいのであろうか。

これについては、以下のような規定がある。

（悪意の受益者の返還義務等）
第704条
悪意の受益者は、その受けた利益に利息を付して返還しなければならない。この場合において、なお損害があるときは、その賠償の責任を負う。

「悪意の受益者」とは、**「法律上の原因がないことを知りながら利得した者」**である。取得した利益に、利息及び損害が発生しているときは損害分も追加して返還する必要がある。
つまり、悪意の受益者は、利得賭博で使い切った場合であっても、利息分や、損害賠償金を返還する義務を免れないということになる。

4 労働事件と不当利得

不当利得が労働事件とどのようなかかわりを有しているか、典型的な例を参考に考えてみたい。

(1) 使用者側が給料を支払い過ぎている場合

以下のような事例を考えてみよう。

ネット広告の会社であるX社は、1年前から社員Yを月給35万円で雇っていたが、手違いで月40万円の給与が支払われていた。Y社はXに対して、過払い分である60万円を会社に戻すように求めた。これに対してXは「俺は、もらい過ぎていたなんて知らなかった。いまさら払えといわれても、家も買ってしまったし、返すお金などない。会社が間違って支払ったのは会社の責任なのであるから、返す必要はないはずだ」と主張して応じない。

さて、本件を不当利得の要件にあてはめて考えてみよう。まず、Xは月5万円の利得を1年にわたり受けているので、60万円の利得があるといえる。これに対して、Y社には

60万円の損失が発生している。そして、この利得と損失の間には、関連性があるといえるので、因果関係も肯定できる。そして、Y社が払い過ぎた分については、本来支払われるはずの賃金以上の給付分には法律上の原因があるとはいえない。そうだとすれば、不当利得の要件を満たし、Y社はXに不当利得返還請求をすることができるということになろう。

もっとも、Xは過剰な給付であることに気づいておらず、善意で給付を受け取っていたのであるから、現存利益の返還で足りるということになる。

では、現存利益はいかほどであろうか。Xは利得分をつぎ込んで家を買ってしまっている。そして、家を購入した費用は、通常の日常生活で支出されるものとはいえず、生活費とはいえないので、現存利益は存しないということになる。よって、Y社は不当利得返還請求が可能であるものの、Xには現存利益はなく、Y社に対して金銭を支払う必要はないという結論になろう。

なお、仮にXが悪意であったとすれば、**民法第704条**により、利得の元本である60万円に加えて、民事法定利息分の年5%分の利息を支払わねばならないということになる**（民法第704条）**。

⑵ 退職金を支払ったが就業規則に反している場合

以下のような事例を考えてみたい。Y社は伝統ある家電メーカーである。Y社に勤める

Xは掃除機の開発主任として、Y社製掃除機のほとんどを手掛けていたが、ある時「一身上の都合により退職いたします」とのみ申告して、Y社を退職した。本件退職にあたってY社からXに対し、退職金規定から算出された賃金の後払い的報償として500万円、これまで開発主任としてY社に尽くした報償として100万円の計600万円が退職金として支給された。しかし、実際にはXは競合他社である外資系のZ社に、掃除機の開発主任待遇で引き抜かれ、Z社にて就業するに至った。これを知ったY社法務部の甲は、Y社の退職金規定に「特段の事情がない限り、退職後3年以内に退職時と同様の業務を行うことを約して、当社と同様の事業を展開する他者に入社する場合には、退職金は支払わないこととする」との規定があることを主張し、Xに対し退職金の返還を請求することにした。この請求は認められるであろうか。

これについて、本来退職金規定が有効で退職金が支払われない場合であれば、Y社は600万円の損害があり、Xは法律上の原因なく600万円の利得を得ており、その間には因果関係が存在する。反対に本件退職金規定が無効であれば、Xの利得には法律上の原因が存するということになる。そうだとすると、本件で問題となるのは、当該退職金規定の有効性であろう。

就業規則上の退職金不支給条項の有効性については、その条項の合理性の有無が問題となる。これについて判例は、一般に、退職金は賃金後払い的性格を持つと同時に功労報償的性格を持つものであるから、功労の消滅に応じた減額・不支給条項も合理性がないとはいえないとしつつ、その適用において、背信性など過去の功労の抹消の程度に応じた限定解釈を行っている。これに対して、近年増加している賃金後払い的性絡の強い退職金については、過去の功労の抹消によってこれを減額・不支給とすることには合理性がなく、その旨を定める就業規則規定は無効であると解するのが相当であろう（**中部ロワイヤル事件　名古屋地判　平6・6・3**）。

なお、理論的には別次元の話であるが、競業避止義務違反か否かの判断基準が多くの裁判例で述べられている（**フォセコ・ジャパン・リミテッド事件　奈良地判　昭45・10・23、新日本科学事件　大阪地判　平15・1・22**）。すなわち、競業避止義務規定の違反については、使用者の正当な利益の保護に照らし、労働者の職業選択の自由を制限する程度が、就業制限の期間、場所的範囲、制限対象となっている職種の範囲、代償措置の有無などからみて、必要かつ相当な限度のものであれば、競業避止規定も合理的であり有効といえるが、その限度を超えた労働者の職業選択の自由を過度に侵害するような規定は公序良俗に反し無効となると判断している。

競業行為に対する退職金の減額・不支給という措置の適法性は、理論的には賃金（退職金）の請求権の成否の問題であり、競業避止義務特約の有効性とは理論的には別次元の問題であるが、競業避止義務特約の有効性の考え方は、退職金請求権の発生の有無を考えるにあたって指針となりうるものである。

本件の競業避止義務規定は、禁止される職種を退職時と同様の業務に限定しており、加えて対象となる企業を競合他社に限定している。また、その期間も3年と社会通念から考えても相当な期間であるといえる。そして、退職にあたりXには功労報償分の支給もなされており、全体からみても不合理なものであるとはいえない。したがって、本件退職金不支給条項は合理的な規定であると解される。

もっとも、先述の通り退職金不支給の理由が功労の消滅であるので、退職金不支給条項により退職金が消滅するのは功労報償的な部分のみで、賃金後払い的部分については、その適用が及ばないことになる。

以上から考えれば、本件においてXが法律上の原因なく受け取っている部分は100万円であり、この分については不当利得が成立するが、残りの500万円の部分については法律上の原因がある利得ということになるので、不当利得の要件を満たさず、返還請求はできないということになる。

よって、本件でY社はXに対して100万円の部分についてのみ不当利得返還請求ができるということになる。

4 不法行為

1 過失責任の原則

X会社の経営者と社員が口論になり、興奮した社員Aが投げつけた湯のみが経営者の頭に命中し怪我をさせてしまったというような場合、社員Aは「わざと」相手に物をぶつけているのだから、治療費その他の損害を賠償するのは常識から考えても当然といえる。

では、別の社員Bが自家用車を運転して帰宅中に、前方不注意の結果、通行人をはねてしまったとしよう。この場合はどうだろうか。注意していれば、通行人の存在に気付けたはずなのに、運転に集中せず「うっかり」していたBが事故の責任を追求されてもやはり問題はないだろう。

最後は極端な例だが、社員Cが会社の出口でいきなり誰かに背後から殴られた際に意識を失い、すぐ前にいた通行人を巻き込んで倒れて怪我をさせてしまったとする。この場合、社員Cが転倒したことは「わざと」でもなければ「うっかり」でもない以上、社員Cに通行人が怪我したことへの責任を負わせるのは酷だといえる。

近代市民法では、**自らの故意または過失がなければ損害賠償責任を負わない**という**「過**

失責任の原則」をとっている。**民法**でも過失責任の原則は当然採用されていて、故意または過失によって他人の権利または法律上保護される利益を侵害した者は、それにより生じた損害を賠償する責任**（不法行為責任）**を負う**（民法第７０９条）**のが原則である。先の例では、「わざと」（故意に）怪我をさせたAや、「うっかり」（過失で）通行人をはねたBは不法行為責任を負うが、故意も過失もないCには責任がないのである。

> **（不法行為による損害賠償）**
> **第７０９条**
> 　故意又は過失によって他人の権利又は法律上保護される利益を侵害した者は、これによって生じた損害を賠償する責任を負う。

なお、ここで紹介した民事責任以外にも、AやBは刑罰法規に触れる行為を行っているため、刑事責任を問われて罪になる可能性がある。

今度は、違法な争議行為が行われた場合を考えてみる。正当な争議行為ならば、**労組法第８条**によって民事責任が免責され、**同法第１条第２項**で刑事責任が免責される。しかし、違法な争議行為となれば話は別である。民事免責が認められないため損害賠償責任が生じ、また、刑事罰を受ける可能性が出てくる。

その損害賠償であるが、通常は労働契約上の違約があったものとして、(1)「債務不履行責任」がまず問われることになるが、それだけにとどまらず、(2)「不法行為責任」も問われる場合がある。二つの責任はどう違うのであろうか。

両者の区別は、「契約」という信頼関係のあるなしによるものである。(1)の債務不履行責任は、契約違反をした場合の責任であるため、**契約責任**ともいわれる。それに対して、(2)の不法行為責任は、信頼関係、契約関係を前提としない者が、故意または過失によって相手の権利や利益を侵害する場合をいう。

両者を比較したとき、(1)の債務不履行の方が、契約という約束に違反して相手の利益を侵害している分、利益侵害の程度が高いと見ることもでき、その点が**民法**の規定にも反映されているのである。

立証責任とは、裁判においてある事実が存在する、または存在しないことを証明する責任のことである。債務不履行の場合、故意・過失がないことを加害者が立証できないと、加害者が責

債務不履行と不法行為

	債務不履行責任	不法行為責任
故意・過失の立証責任	加害者が証明	被害者が証明
消滅時効	5年 (民法第166条第1項第1号)	3年 (民法第724条第1号)

任を負うことになる。また、時効によって責任追及ができなくなるまでの期間も、不法行為に比べて5年と、長くなっている（**不法行為の時効は、「損害および相手方を知った時」から3年。**ただし、人の生命または身体を害する不法行為の場合は5年であることに注意を要する）。立証責任、時効の両者とも、被害者側に有利になっているのがわかるだろう。一方、何の関係もない相手を訴えることになる不法行為の場合、加害者の故意過失は被害者自らが証明しなければならないのである。

2 債務不履行と不法行為責任の関係

一つのトラブル（事実）が、債務不履行と不法行為の両方の要件にあてはまるときの関係はどうなるのだろうか。たとえば、ある有名セミナー講師と講演を依頼する契約を結んだが、セミナー当日、講師がうっかり日程を間違えて会場に姿を現さなかったというような場合、当然に債務不履行の問題となるが、一方で過失によって相手方の権利を侵害しているので不法行為責任も問えそうである。

このような場合に債務不履行と不法行為、いずれの責任でも任意で主張できるとされている（**請求権競合説**）。法律上の別個の要件を満たす事実が存在する以上、どちらを主張することも当然可能となるのである。

要件を満たせばどちらも主張可能ではあるとはいえ、先程比較したように、通常は立証責任の点でも消滅時効の点でも、債務不履行責任を追求した方が有利だろう。なぜなら、被害者側としてはセミナー講師の契約違反、つまり債務不履行の事実を指摘さえすれば、後はセミナー講師が故意・過失のないことを立証しなければならないという点で負担が軽いのである。また、時効についても5年と、不法行為責任より時間的に余裕があるからである。

3 不法行為責任

民法第709条に定められた不法行為は原則的な類型であるため、**「一般不法行為」**とよばれている。その一方で**民法**は、社会の諸事情に適応するため、**第714条**以下で過失責任の原則を修正もしくは否定した諸条文を置いている。これらは**「特殊不法行為」**と総称されているが、まずは原則である一般不法行為から説明する。

(1) 一般不法行為の成立要件

一般不法行為の成立要件としては、①**故意・過失が存在すること**、②**行為の違法性**、③**損害の発生**、④**加害者の責任能力**、⑤**因果関係**が要求されている。

① 故意・過失が存在すること

故意とは、結果に対する認識があることをいう。怪我という結果が発生するとわかっていてわざと相手にぶつかって転倒させたような場合である。

過失とは、不注意すなわち注意義務違反のことである。注意をしていれば結果の発生を防げたのに、うっかりしていて怪我をさせてしまったような場合である。過失はまず、行為者が結果を予見できたかどうか**（予見可能性）**が問題になる。結果の予見可能性がある場合、さらにその結果を回避できたか**（回避可能性）**が問題となる。法は不可能を要求するものではないから、予見可能性と回避可能性が認められる場合に、注意義務違反としての過失が認められることになる。

注意義務の基準は、**平均的な人間が払うべき注意（抽象的過失）**とされている。**加害者個人の注意力を基準とする（具体的過失）**ではないことに注意を要する。

故意・過失の立証責任については前に触れたように被害者側が負うのが原則だが、公害問題など被害者側に相手方の過失を具体的に証明させることが酷な場合は、過失の推定が認められるなど、負担の軽減がなされる場合もある。

② 行為の違法性

不法行為の成立要件として「他人の権利又は法律上保護される利益を侵害した」ことが求められる**（民法第709条）**。

「権利又は法律上保護される利益」（権利または法的利益）が侵害されたということは、当該行為について不法行為としての違法性が認められることを意味する。この違法性が認められるかどうかの判断は、a権利または法的利益の侵害（被侵害利益）の有無と、b侵害行為の態様の程度によってなされる。

平成16年改正前の民法旧第709条は「他人の権利を侵害したる者」となっていたため、判例も「権利」の意味を厳格に解していた（**桃中軒雲右衛門事件　大判　大3・7・4**）が、一般人の法感覚に合わないという批判が強かった。

その後、判例は法律上保護に値する利益であれば足りると見解を改め、平成16年改正の際に、条文の文言も「他人の権利又は法律上保護される利益」と改められたのである。

> 本条の「権利」は厳密な意味においての権利でなくても、われわれの法律観念上その侵害に対し不法行為に基づく救済を与えることが必要であると思惟される利益であれば足りる（**大学湯事件　大判　大14・11・28**）。

③ 損害の発生

損害賠償が不法行為責任の内容であるため、損害の発生が当然に不法行為の要件となる。損害は財産的損害・精神的損害を問わない。損害の立証責任は被害者側にある。不法行為と損害の因果関係については、債務不履行と同様に考えるのが判例の立場である。

> 不法行為による損害賠償についても、**民法第416条**の規定が類推適用され、特別の事情によって生じた損害については、加害者において右事情を予見しまたは予見することを得べかりしときに限り、これを賠償する責を負うものと解すべきである（**最判昭48・6・7**）。

④ 加害者の責任能力

責任能力とは、**自己の行為が法的な非難を受けることを認識できる能力**をいう。この判定は、個別的・具体的になされるため、知能の発達程度・地位や環境などによって違ってくる。責任能力が認められないものを責任無能力者というが、**民法**では未成年者で行為の責任を弁識するに足りる知能を備えていないもの（**民法第712条**）と精神上の障害により自己の行為の責任を弁識する能力を欠く状態にある者（**「心神喪失者」民法第713条**）を責任無能力者として定めている。

判例は11歳11か月の少年店員に責任能力を認めており（**大判大4・5・2**）、12歳くらいが責任能力の有無の基準とされているとみることができよう。

⑤因果関係

a　相当因果関係

不法行為は、加害者の違法な行為によって生じた損害を賠償させるものであるから、**加害者の行為と生じた損害との間には因果関係がなければならない**。どの程度の因果関係が必要かということについて、民法は債務不履行の場合のように相当因果関係に限るという趣旨の規定**（民法第416条）**をおいているわけではないが、今日では、不法行為についても同じように考えるべきだというのが、判例・通説の考え方である。

相当因果関係の有無は、個々具体的に判断するよりほかないが、一般的にいえば第1にその行為がなければその損害が生じなかったであろうと認められ、第2にそのような行為があれば、通常そのような損害があろうと認められるものと考えてよい**（民法第416条第1項）**。

特別の事情が重なって生じた損害については、行為者がそのような結果が生じることを予見したか、または予見できたであろうような場合に限って相当因果関係があると判断される**（同条第2項）**。

たとえば、Aが散歩中にBの運転していた自動車にひかれ、生命に別状はない程度の負傷をしたとする。そして、Aが、救急車で病院に運ばれていたところ、その救急車が他の

相当因果関係の考え方

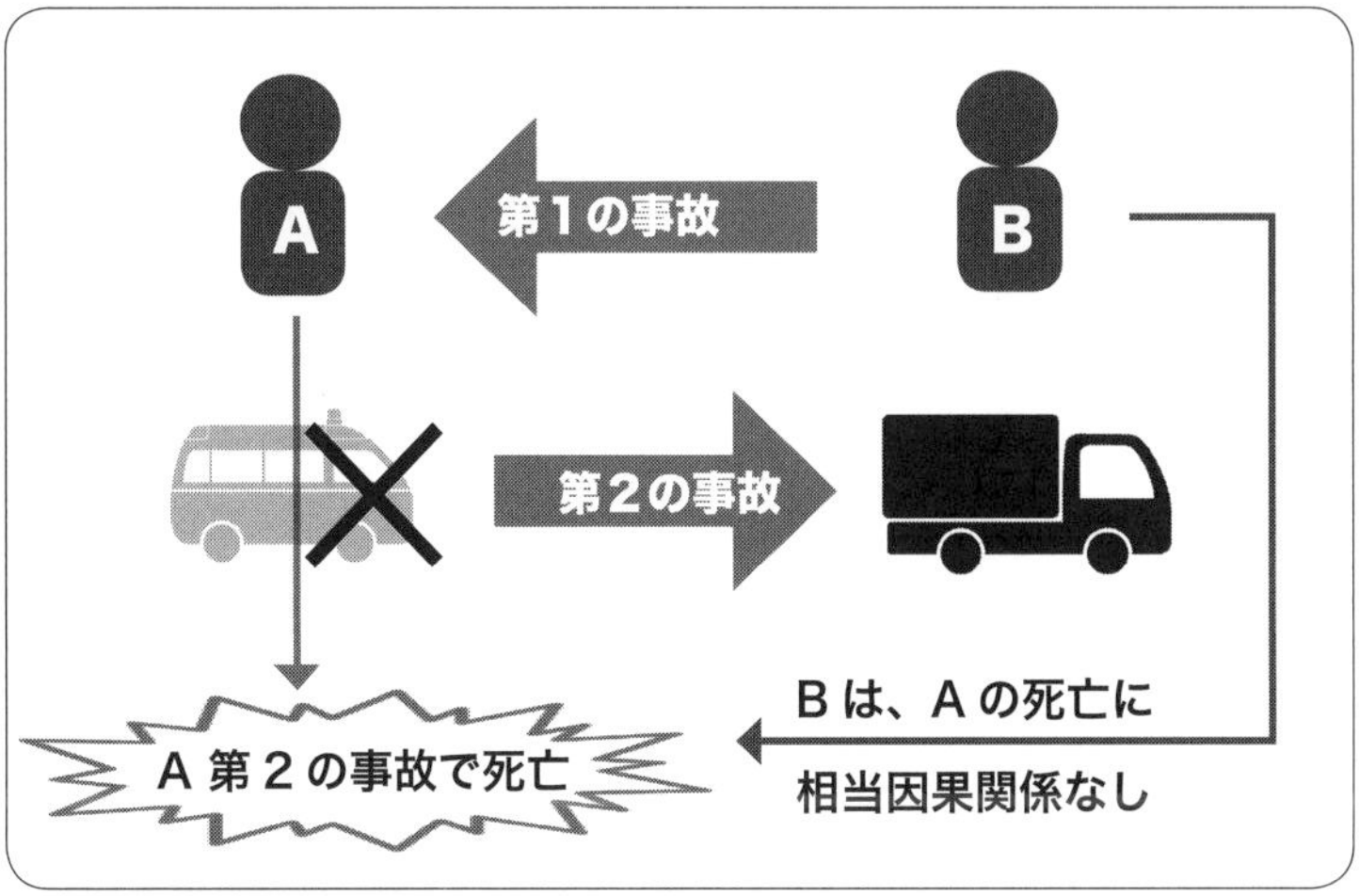

自動車と衝突事故を起こし、そのためAは死亡してしまった。救急車が衝突するという事情は、Bが事故を起こしたときに予見し得なかったものであるならば、それらの事情によって増大することになったAの損害をBが賠償する必要がないことになる。つまり、最初のBの事故とAを乗せた救急車と他の自動車との衝突によるAの死亡との間には相当因果関係はないということである。

b 因果関係の立証困難な場合

科学的に複雑な問題をはらむ事業災害（産業公害）や医療事故の分野では、因果関係の厳密な証明は困難である（医療過誤など、手術室内でどのようなことがなされたのか、あるいはなされなかったのかを、手術室にいなかった者が証明するのは極めて困難である)。そこで、このような場合、被害者の証明は蓋然性を示す程度でよく、加害者のほうでこれを完全にくつがえすに足りる反証をあげない限り、因果関係が認められるとする見解**(蓋然性説)**が有力である。

たとえば、Aの家の近くにB工場ができ、それから数年後、Aは原因不明の奇病にかかったとしよう。このような状況下において、Aは、この病気はB工場から流れる工場排水のせいだと主張して損害賠償を求める訴えを起こした。これに対しB工場は、果たして工場排水からAの奇病が生じたといいうるかどうか疑問として、工場排水と病気の因果関係の証明を要求した。工場排水から地域住民に健康障害が生じた公害については、被害疾患の特性とその原因物質、原因物質が被害者に到達する経路について状況証拠の積み重ねにより、関係諸科学との関係において矛盾なく証明できれば、法的因果関係の面ではその証明があったものとされる。汚染源の追求がいわば企業の門前にまで到達したら、加害企業における原因物質の排出(生成・排出に至るまでのメカニズム)については、むしろ企業側において、自己の工場が汚染源になり得ない理由を証明しない限り、その存在を事実上推認され、その結果すべての法的因果関係が立証されたものと解すべきである**(新潟地判 昭46・9・29)**。

一般にいっても訴訟上の因果関係の立証は、一点の疑問もない高度の自然科学的証明ではなく、経験則に照らして判断し、特定の事実が特定の結果をもたらしたことに通常人が疑いをさしはさまない程度のものであればよいとされる（最判 昭50・10・24）ので、このような場合、Aは医学的に厳密な因果関係の証明をすることなく、損害賠償を請求できるのである。

⑵ 不法行為の効果

加害者に対して損害賠償請求を行うことができる（民法第709条、同第710条）。債務不履行との共通点としては、

① 損害賠償は金銭賠償が原則であること（同第722条第1項）
② 損害賠償の範囲は相当因果関係の範囲内で生じた損害に限られること
③ 過失相殺が認められること（同第722条第2項）

ただし、過失の斟酌が任意的（任意的斟酌）であること、過失の斟酌の結果責任を否定することまではできないというのが債務不履行（同第418条）との違いである。

⑶ 特殊不法行為

過失責任の原則や自己責任の原則は近代市民法の重要な原則であり、近代資本主義の発展を大きく促進したが、その反面で私人の経済活動による被害者の救済が不十分なものと

なりがちという問題も抱えていた。

たとえば、宅配便会社の運転手が業務中に大型トラックで、通行人を誤って轢いてしまったような場合を考えてみよう。もちろん、運転手本人に過失があるならば不法行為による賠償責任が生じるのは当然ではある。しかし、その運転手を雇用している宅配便会社は何らの責任を負わないで良いのであろうか。被害者の受けた損害は、あくまで運転手という「他人」の起こしたものだとする宅配便会社の言い逃れを許して良いはずがない。正義・公平の見地からすれば、その運転手を使用することで利益を得ている宅配便会社にも責任を負わせるべきであろう。一社員よりも資力のある企業にも賠償責任を負わせることは、被害者の救済の可能性を増し、また、企業に今後の不法行為抑止に向けた配慮をとらせる契機ともなるはずである。このような事情から、「自己責任の原則」もまた、修正を受けることになったのである。

「過失責任の原則」、**「自己責任の原則」**がそれぞれ抱える問題点を解消するために提唱された考え方が**「無過失責任」**である。損害の原因を作った者は、故意または過失の有無にかかわらず、当該損害の責任を問われるべきだという考え方であるが、近代法の原則に重大な修正を加えるため、より積極的な根拠が必要となる。その根拠として挙げられるのが、①**「報償責任の原理」**と②**「危険責任の原理」**である。

① 報償責任の原理

経済活動において利益を上げているものは、その活動が原因となって他人に損害を与えた場合には、その利益の中から当然に賠償させるのが公平に資するという考え方である。「利益の存するところに損失も帰する」と表現されることもある。民法では、使用者責任**（民法第715条）**がこの原理に基づいているとされる。先の宅配便会社の例は、**使用者責任**が問われるケースである。

② 危険責任の原理

危険物を支配・管理する者は、その危険物が有する危険性が現実化したと認められる損害については、過失の有無を問題とせず絶対的な責任を負うという考え方である。「危険を支配する者が責任を負う」とも表現される。民法では**工作物責任（民法第717条）**がこの原理によるものである。

⑷ 使用者責任

以下、特殊不法行為の中でも、労働関係を考える上で必須となる使用者責任を特に取り上げることにする。

（使用者等の責任）

第715条
ある事業のために他人を使用する者は、被用者がその事業の執行について第三者に加えた損害を賠償する責任を負う。ただし、使用者が被用者の選任及びその事業の監督について相当の注意をしたとき、又は相当の注意をしても損害が生ずべきであったときは、この限りでない。

「ある事業のために他人を使用する者は、被用者がその事業の執行について第三者に加えた損害を賠償する責任を負う」**（民法第715条第1項）**、これが使用者責任である。使用者責任の根拠は、前述①の報償責任の原理で説明されるのが通常である。

ただし、使用者が被用者の選任およびその事業の監督について相当の注意をしたか、相当の注意をしても損害が生じたであろう場合は、使用者の免責を認めている**（民法第715条但書）**。その意味で過失責任の原則になお立っているともいえるが、実際に免責が認められた例は戦後に存在せず、無過失責任に近い運用がなされている。

また、ここでの過失の立証責任は使用者側に負わされている。このような、一般の不法行為責任とは立証責任が転換されているものを**「中間責任」**と呼ぶこともある。

⑸ 使用者責任の要件

使用者責任の成立要件は、①**「使用関係の存在」**、②**「事業の執行についての加害行為であること」**、③**「被用者が違法に第三者に損害を与えること」**、④**「使用者について免責事由が存在しないこと」**である。

①使用関係の存在

使用関係とは、**「ある事業のために他人を使用する」**関係のことである。「事業」は営利・非営利・継続的・一時的を問わない。他人を使用しているかは、契約の形式ではなく、実態で判断する。つまり、使用者が被用者を実質的に指揮監督している関係が存在すれば足りるのである。この考え方は、**労基法第9条**の使用従属関係とも相通じるものがある。さらにいえば、指揮監督命令が契約によらずとも認められる場合もある。たとえば、注文主企業→元請企業→下請企業という契約関係で、注文主企業が下請企業に業務上の指示を行っていれば、たとえ直接の契約関係になくても、実質的な指揮監督命令が存在するものとして使用者責任を問われることもあり得るのである。

②事業の執行についての加害行為であること

報償責任の原理からすれば、使用者はあくまで利益を得る元となる事業についてのみ責任を負い、被用者の行った事業と関わりのない私的行為にまで責任を負う必要はないことになる。そのことから設けられた要件である。

「事業の執行について」の意味であるが、これを単純に職務執行行為そのものと考えてしまうと問題が生じる。なぜなら、不法行為が職務執行行為となることはあり得ない（「他人の権利利益を侵害する」ことが職務の組織など、公序良俗違反で認められない）ので、「事業の執行について」を職務執行行為そのものと定義してしまったら、不法行為が使用者責任の対象から外れてしまうからである。

そこでこの「事業の執行について」に関しては、厳密な意味の職務執行行為でなく、**権限逸脱や地位濫用も含めた職務執行に関連してなされた行為を広くとらえる**ことになる。

判例は職務執行行為に関連してなされたかを行為の外形から判断する**「外形標準説」**（外形理論）」を採用している。なぜ、外形標準説が採用されているかというと、被用者の行為を信頼して取引を行った相手方の信頼保護のためである。

> 被用者の職務執行行為そのものには属しないが、その行為の外形から観察して、あたかも被用者の職務の範囲内の行為に属するものと見られる場合をも包含する**（最判昭40・11・30）**。

外形標準説は相手方の信頼保護をその根拠としている以上、相手方が行為の外形に信頼をおいていなかった場合には、その適用がなされないことになる。

> 被用者のなした取引行為が、その行為の外形から見て、使用者の事業の範囲内に属するものと認められる場合においても、その行為が被用者の職務権限内において適法に行われたものでなく、かつその行為の相手方が右の事情を知りながら、または、少なくとも重大な過失により右の事情を知らないで、当該取引をしたと認められるときは、その行為に基づく損害は、**民法第715条**にいう「被用者がその事業の執行についで第三者に加えた損害」とはいえず、したがって、その取引の相手方である被害者は使用者に対してその損害の賠償を請求することができない**（最判 昭40・11・30）**。

この、相手方の信頼の有無という主観的事情は、全ての不法行為に求められるわけではないことに注意を有する。不法行為を取引的不法行為と事実的不法行為に大別した場合、手形取引などの取引的不法行為では、取引の相手方の信頼ということが観念できるが、暴力行為や交通事故といった事実的不法行為の場合、相手方の信頼の有無を観念し得ないため、外形的に見て使用者の事業執行の範囲内に属する場合には、事業執行関連性が直ちに認められる。

たとえば、先ほどの宅配便会社の運転手の起こした交通事故が、休日に自分の家の引越しのため、会社の大型トラックを無断使用していた際に発生したとしよう。この場合、相手方である被害者に宅配便会社のトラックだからという信頼があったわけではないが、宅配便のトラックが道路を走行することは行為の外形的に見て事業の執行の範囲内に属し、事業執行関連性が認められる。よって、宅配便会社は使用者責任を負うことになるのである。

③ 被用者が第三者に違法に損害を与えること

被用者の第三者に対する加害行為は、その加害行為自体が**民法第709条**の不法行為の成立要件を満たしていなければならない。

「第三者」とは、使用者および加害者である被用者以外のすべての者を意味する。X会社の同じ工場で勤務しているAとBが作業中に、Aの機械操作によってBが負傷をした場合、Aが**同第709条**の不法行為の成立要件が満たしていることを前提として、Bは「第三者」として使用者責任をX会社に追求することができる。宅配便のトラックの例でも、まず宅配便トラックを無断使用していた社員に**同第709条**の不法行為責任が成立しなければならず、仮に交通事故の責任が社員にないならば、使用者責任は問題とならないのである。

④ 使用者について免責事由が存在しないこと

> **（使用者等の責任）**
> **第７１５条**（略）ただし、使用者が被用者の選任及びその事業の監督について相当の注意をしたとき、又は相当の注意をしても損害が生ずべきであったときは、この限りでない。

使用者が使用者責任の追求から免れるためには、被用者の選任監督について相当な注意をしたことを証明しなければならない**（民法第７１５条但書）**。

(6) 使用者責任の効果

① 誰が責任を負うのか

使用者責任を負うのは、使用者**（民法第７１５条第１項）**と、使用者に代わり被用者を選任監督する代理監督者**（同第７１５条第２項）**である。

注意すべきは、先に触れたように使用者責任が認められるためには、被用者自身が**第７０９条**の不法行為責任の成立要件を満たしていることが必要であるため、被用者も独立して不法行為責任を負うという点である。

使用者の責任と代理監督者の責任との関係、および使用者・代理監督者の責任と被用者の責任との関係は、それぞれ**不真正連帯債務の関係**となる。不真正連帯債務とは、**民法**が連帯債務について規定している、いわゆる**絶対効（民法第４３４条ないし同第４３９条）**が適用されない連帯債務をいう。たとえば、被害者が共同不法行為者の一人に対してその債務を免除したところ、他の共同不法行為者に対してもその免除の効力が生じてしまうのでは被害者の保護の観点から好ましくない。したがって、不真正連帯債務は連帯債務のような絶対効を認めると被害者の損害賠償請求権の効力が弱められ、被害者の救済に支障が生じるのではないかというところから生まれ出てきたのである。不真正連帯債務は、債務者の一人について生じた事由（債務の免除など）が他の債務者に影響しないため、それだけ被害者の保護が厚くなっているのである。

② 求償権

使用者や代理監督者が被害者に生じた損害を賠償した場合に、使用者や代理監督者から**求償権**を行使することを認めている**（民法第７１５条第３項）**。

被用者自身に不法行為責任がある以上、被用者がその損害賠償について負担するのは当然のこととも思えるが、「事業の執行について」の損害賠償を被用者に全額負担させるようなことになるのは、報償責任の考え方からすると妥当とはいえないため、判例は求償権の行使を一定の範囲に限定している。

使用者が、その事業の執行につきなされた被用者の加害行為により、直接損害を被り又は使用者としての損害賠償責任を負担したことに基づき損害を被った場合には、使用者は、その事業の性格、規模、施設の状況、被用者の業務の内容、労働条件、勤務態度、加害行為の態様、加害行為の予防若しくは損失の分散についての使用者の配慮の程度その他諸般の事情に照らし、損害の公平な分担という見地から信義則上相当と認められる限度において、被用者に対し右損害の賠償又は求償の請求をすることができる **（茨石事件 最判 昭51・7・8）**。

4 共同不法行為

(1) 共同不法行為とは

（共同不法行為者の責任）

第719条 数人が共同の不法行為によって他人に損害を加えたときは、各自が連帯してその損害を賠償する責任を負う。共同行為者のうちいずれの者がその損害を加えたかを知ることができないときも、同様とする。

2 行為者を教唆した者及び幇助した者は、共同行為者とみなして、前項の規定を適用する。

単独の行為者によって行われた不法行為の場合には、その行為者の行為と相当因果関係にあう損害を単独で賠償することになる。では、**民法第709条**の不法行為が複数の者によって計画されて実行されたり、偶然複数の不法行為が重なって損害を発生させた場合には、どのような処理をすることになるのだろうか。この場合に、被害者が複数の加害者それぞれについて**民法第709条**の不法行為が成立することを立証し、しかも、その不法行為と相当因果関係にある損害の賠償請求をしなければならないとしたら、主張立証するのは激しく困難になってしまう。

【設例A】

X会社に勤務するYは、同僚のZが勤務中に自分が私的に開設したブログに匿名で自社や自社の社員の悪評を書き込んでいることを知った。上司に不満を持っていたYは、Zがブログに記事を書き込むことを期待しつつ、上司のプライバシー情報や上司に関する根も葉もない話をZに話し、これを書けばもっとブログ読者が増えて注目されるとアドバイスした。その結果、Zは上司の名誉を毀損する内容やプライバシーを侵害する内容をブログに書き込んだ。

上司は、酒席でYとZがその話をしていることを耳にした他の社員からの報告で、YおよびZが不法行為者であることを知り、精神的損害を受けたことを理由に300万円の慰謝料請求をしようと考えている。

このような場合、YもZも上司の精神的苦痛を発生させた名誉毀損およびプライバシー侵害行為に関わっていることは間違いないが、どちらがどの程度の苦痛を与えたことになるのかは、すぐには明らかにならない。

このような場合を想定して、**民法**は、これら共同した加害者は、被害者に対して連帯して責任を負うとする**共同不法行為**に関する条文を設けている**（民法第719条）**。共同不法行為には三つの形態がある。①**「狭義の共同不法行為」**、②**「加害者不明の共同不法行為」**、③**「教唆者・幇助者」**である。これらの共同不法行為制度を認めたのは、共同不法行為者に連帯責任を負わせ、被害者の保護を厚くするためである。

⑵ 共同不法行為の三形態

① 狭義の共同不法行為

数人が共同して他人を殴打したり、家屋を破壊したり、強盗した場合のように、共同行為者全員が、損害の発生につき共同している場合である。

狭義の共同不法行為**（民法第719条第1項前段）**が成立するためには、各自の行為が独立に不法行為の要件を備えていなければならない。たとえば、家屋の不法占拠者である主人と同居している被用者・内縁の妻・家族などの不法占拠については独立性がないから共同不法行為ではない。妻は加担したとみなされる場合に限り、共同不法行為者となる。この点に関して「妻が夫に従って他人の家屋に同居したのではなく、夫の不法占拠に加担して、ともに所有権を侵害した場合には、共同不法行為者として夫とともに連帯責任を負う」**（大判 昭10・6・10）**と判示している。

また、**関連共同性**があることも必要とされる。すなわち、数人が「共同の」不法行為によって損害を生じさせたことが必要なのである。共同不法行為とは、不法行為の関与者相互間に関連共同性がある場合をいい、各行為者間に共謀や共同の認識は必要ではなく、各自の行為が客観的に共同していればいい**（客観的関連共同性）**。判例は、「共同不法行為が成立するためには、不法行為者間に意思の共通、もしくは共同の認識があることは必要ではなく、単に客観的に権利侵害が共同でなされれば足りる」**（最判 昭32・3・26）**としている。

② 加害者不明の共同不法行為

たとえば、数人の投石で他人にけがをさせたが、誰の石があたったのか不明であったり、数人が他人に殴打中裂傷を負わせたが、誰の行為によるものか不明な場合がある。このようなときでも、直接の加害者を証明しなければ賠償請求できないというのであれば、被害者にとって不利益が生ずる。そこで**民法第719条第1項後段**では、「共同行為者のうちいずれの者がその損害を加えたかを知ることができないとき」は、各自が前段と同様の連帯責任を負うと規定しており、被害者の保護が図られている。

③ 教唆者・幇助者

他人をそそのかして不法行為を実行する意思を決定させた者**（教唆者）**や、見張りのように補助的行為によってその実行を容易にした者**（幇助者）**は、加害に直接かかわった者とはいえないが、共同行為者とみなされて、実行者と連帯して責任を負う**（民法第719条第2項）**。

教唆・幇助についてもう少し説明を加えておこう。教唆とは、他人をそそのかして不法行為を実行する意思を決定させた者である。ここでポイントとなるのが、不法行為そのものを行った者（不法行為者）が教唆者に教唆されて「初めて」、不法行為を実行する意思を決定したということが教唆成立の条件ということである。

先の例を用いて考えると、同僚のZはすでに自分のブログに自社であるX会社の悪口を匿名で書き込む行為を繰り返しているため、Yが根も葉もない噂を流した段階で、「初めて」X会社に対する不法行為を実行する意思を決定したわけではない。よって、この場合のY

の行為は不法行為の教唆にはあたらないことになる。それに対して、「なあ、Z、お前ネットに詳しいんだろ、だったら匿名でうちの社長の悪口を書き込んじゃえよ」とYが言って「初めて」Zが不法行為を行う意思を決定したのなら、Yは教唆者となり、Zとともに共同不法行為の責任を負うことになるのである。

では、先の例のYは教唆にならないとしたら、不法行為の責任を問われないのか、といえばそんなことはない。不法行為の幇助を行ったことで、共同不法行為の責任を負うことになるのである。幇助とは、補助的行為を行うことで、不法行為者の実行を容易にした者のことをいう。この、補助的行為とは、物理的・心理的援助を与えることで、不法行為の実行を容易にすることをいう。物理的な幇助とは、たとえば金銭を貸したり、道具を貸したり、不法行為を行う現場へ道案内をしてついていくなどである。心理的な幇助とは、すでに不法行為を決意している者に、激励をしたり助言をしたりすることをいう。道案内ではなく、単に不法行為者といっしょに現場についていくことで勇気づけるような場合は、心理的な幇助ということになる。

先の例のYは、「根も葉もない噂」というブログ書き込みの材料を提供したという意味では物理的な幇助を行い、これを書けばブログ読者が増えるというようにZの意欲をかき立てたという意味では心理的な幇助を行ったことになる。いずれにせよ、Yの行為によって、Zの不法行為は容易になったといえるので、Yは幇助者として共同不法行為の責任を負う。さきほどの説例を少し変えてみよう。

【設例B】

X会社に勤務する営業1課長Yは、部下Zが勤務中に自分が私的に開設したブログに匿名で自社や自社の社員の悪評を書き込んでいることを知った。その悪評の中には、Yと出世争いでライバル関係にあり仲も悪い営業2課長Pの悪口も含まれていたため、Yは乙の行為を見逃すこととした。

Zはその後も悪口を書き続け、X会社の悪評はインターネット上で広く知れ渡るようになり、会社はその対応に追われるようになってしまった。

これは、**「不作為による幇助」**である。不法行為者の不法行為を制止し、結果の発生を防止すべき法律上の義務**（作為義務）**を負う者が、その義務に違反して不法行為者の不法行為を制止せず、不法行為を容易にした場合には、幇助者として共同不法行為の責任を負うことになるのである。

たとえば、会社の倉庫係が、倉庫から同僚が会社の物品を窃取するのを黙認したような場合には、不作為の不法行為が成立する。設例のYは、営業1課長として部下の行動を管理監督する義務があり、現に部下が会社に損害を与える行為を行っているのに黙認したことは、不作為による幇助にあたるといえる。同時に、営業1課長はX会社との労働契約に伴い、管理職として部下への指導を行う義務や上司への報告を行う義務があるため、それを怠ったということで債務不履行責任を問われることにもなるだろう。

【設例C】

X会社に勤務する営業1課長Yは、部下Zが勤務中に自分が私的に開設したブログに匿名で自社や自社の社員の悪評を書き込んでいることを知った。そこでYは、自分の出世争いでライバル関係にある営業2課長Pについての根も葉もない噂をパソコンから打ちした匿名の文書をYの机の上においておいたところ、Zはそれもブログに書いてしまった。

このようなケースを**「片面的幇助」**という。幇助者は必ずしも不法行為者と意思を通じている必要はなく、幇助者の行為によって不法行為者の行為が容易になったという関係があれば良い。

さらに、不法行為者が知らないうちに不法行為者のその実行を容易にする幇助行為をした場合でも、不法行為は成立する。たとえば、勤務中に会社のパソコンでブログを書いているZのところに、上司が行こうとしたので、Zを助けるためにその上司を呼び止めたというような場合は、片面的幇助になりうる。

助言に関して付言しておくと、助言は特に教唆と幇助との区別が問題となるが、不法行為を決意していないものに対し助言をした結果、不法行為の決意を生じさせたのならば教唆となり、すでに決意をしているものに助言をすれば幇助となるということである。

なお、幇助は不法行為が終わったあとには成立しない。不法行為が終わった後にも幇助行為をしても、それにより不法行為が容易になったわけではないからである。

(3) 効果

賠償の範囲は、各共同行為者は、共同行為と相当因果関係に立つ全損害について賠償すべき責任を負い**（大判 大14・10・23）**、**「特別損害」**については**予見可能性を有する者**のみが賠償責任を負う**（大判 昭13・12・17）**とするのが判例・通説である。

(4) 責任の連帯性

共同不法行為者は、「各自連帯」にて責任を負わなければならない**（民法第719条）**。これは、各人が損害の全部について賠償義務があるということを明らかにするためである。

この連帯の性質については、連帯債務とみる説と不真正連帯債務とみる説がある。

判例・通説は、不真正連帯債務説に立っている。両者の違いは、**民法第434条**以下の連帯債務の絶対効に関する規定が適用されるか否かにある。たとえば、共同不法行為者の一人について消滅時効が完成した場合や、被害者が共同不法行為者の一人に対して免除をした場合、不真正連帯債務説では、他の共同行為者は全額の賠償義務を負うことになる。

⑸ 求償関係

共同不法行為者の一人は、加害者に損害を賠償したときは、これによって責任を免れた他の者に対して、その者の負担部分に応じて**求償**することができる。この負担部分は、加害者の公平を図るため、過失割合や違法性の大小など、諸般の事情を総合考慮して決められるべきものと解されている。

5 訴訟に見る債務不履行と不法行為（セクハラ訴訟と使用者責任）

A（女性）は、X出版社においてB編集長のもと、取材・執筆・編集などの業務を行っていた。Bは社内外の関係者らに対し、Aの異性関係は派手で不倫をした経験があるなどという発言を繰り返した。また、BがAに転職を勧めたなどの結果、両者の関係は険悪なものとなっていた。

これを知ったX出版社の専務らは、あくまでAB間の個人的対立としてこの問題を見てAを呼び出し、Bと妥協できないかと話を持ちかけた。しかしAは応じなかったため、X出版社専務らは、AB間で話し合いによる解決ができないのならどちらかに退職してもらう旨を伝え、あくまで謝罪を要求するAが退職することになった。

AはBの行為がセクシュアルハラスメント（セクハラ）に該当する不法行為であり、X出版社は当該行為が業務の執行につき行われたものであるから使用者責任を負うとして、X損害賠償および慰謝料を請求した。

Bが職場または関連する場において、Aの個人的な性生活や性向を窺わせる事項について発言を行い、その結果、Xを職場に居づらくさせる状況を作り出した場合には、それはAの人格を損なってその感情を害し、Aにとって働きやすい職場環境のなかで働く利益を害するものであるから、BはAに対して**民法第709条**の不法行為責任を負う。

Bの一連の行為はXの『事業の執行に付き』行われたものと認められ、XはBの使用者として不法行為責任を負うことを免れない**（福岡セクシュアルハラスメント事件 福岡地判 平4・4・16）**。

これが、セクハラ訴訟のリーディングケースとなった**福岡セクシュアルハラスメント事件**である。セクハラには、**職務上の地位を利用して解雇あるいは昇格・昇給といった不利益・利益と引き換えに性的な関係を強要する「対価型」**と、**性的に不快な環境（性的な言**

葉を発する、性的なポスターを職場に貼ったり、性的な内容の画像をパソコンのディスプレイに表示させる）を作りだす「環境型」という二つの概念が含まれている。

このようなケースについては、(1)「AB間の法律関係」、(2)「AとX社の法律関係」、(3)「BとX社の法律関係」について考えていくことが必要である。

(1)については、Bに**民法第709条**の不法行為責任が成立するかを検討する。その際に問題になるのが、侵害されたAの利益とは何なのかである。セクハラ事件の場合は、被害者の性的自由や人格権の侵害が問題となる。セクハラ行為が、その行為態様、反復継続性、目的、時間、場所、加害者・被害者の関係（職務上の地位）などを総合的に考慮して、社会通念上許容される限度を超えるものであるかによって判断される**（横浜セクハラ事件 東京高判 平9・11・20）**。

(2)については、Xに**民法第715条**の使用者責任が成立するかが問題である。Bの加害行為に事業執行関連性が認められるかどうかだが、セクハラ発言が編集長という立場でなされた発言であり、認められる。よって、X社は、被用者Bの選任監督について注意義務を尽くしたことを証明しない限り、使用者責任を負うのである。今回のケースでは、あくまでAB間の個人的問題として処理しようとしたX社には注意義務を尽くした事情が認められないため、使用者責任が成立する。

(3)は、X社がBに対し職場秩序を乱した行為として、懲戒処分を講じる必要性を検討す

セクハラ事案

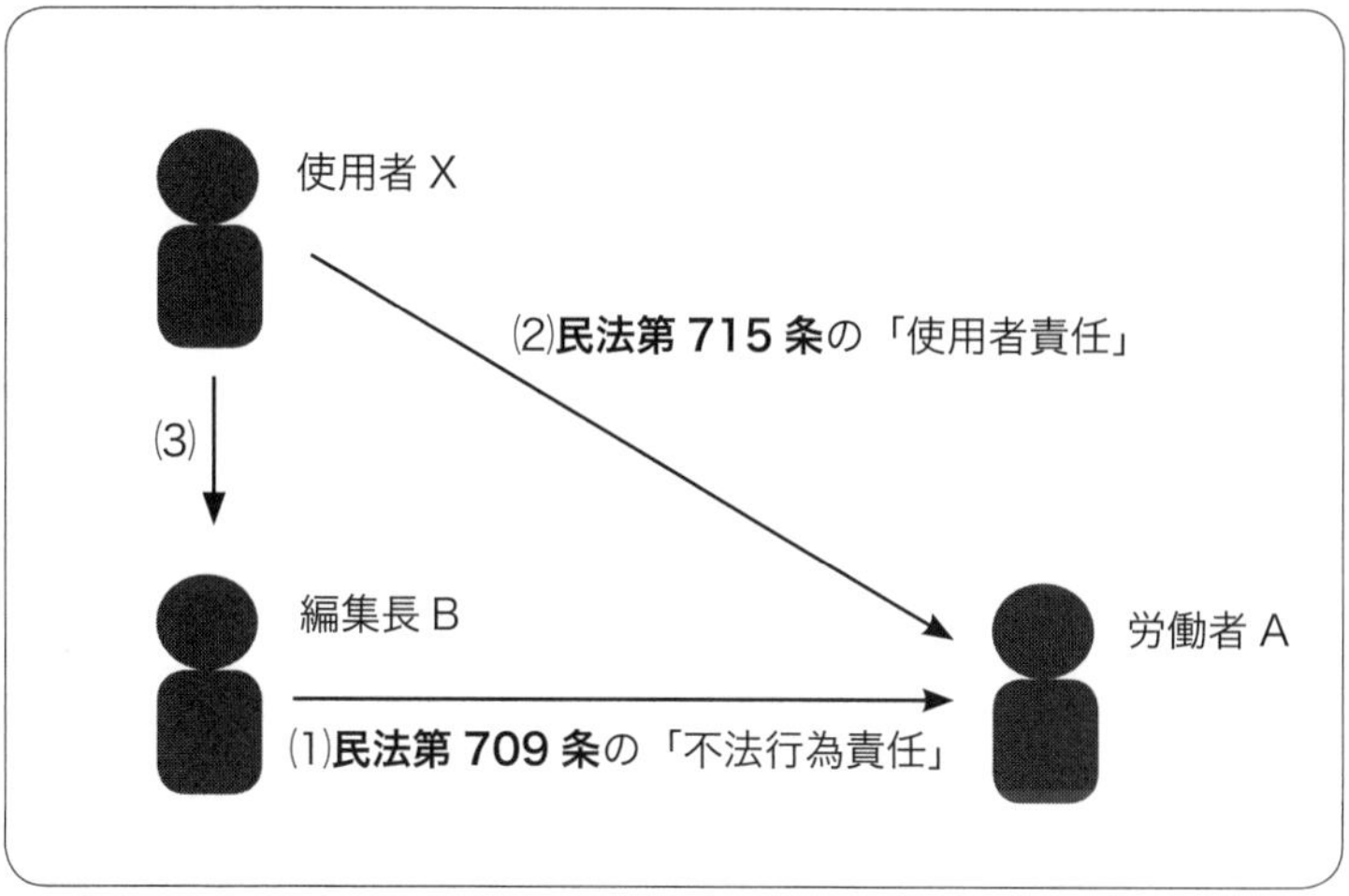

る必要があり、また、問題を把握した以上、事態の再発を防ぐために職場環境を整備する義務が労働契約上の付随義務として生じる。

福岡セクシュアルハラスメント事件はまだセクハラという言葉が一般的でなかった時代に、セクハラを初めて認めた裁判例であり、その歴史的意義は大きく、以後セクハラ訴訟が次々と提起されることとなった。それらの中でも**三重セクシュアルハラスメント事件（津地判 平9・11・5）**は、使用者責任ではなく、**労働契約上の職場環境整備義務違反**という債務不履行責任を認めた事例である。債務不履行責任を認定したのは、セクハラが深夜休憩時間中の休憩室で行われた個人的行為であることによるものだが、このケースからも**民法**の債務不履行責任と不法行為責任の関係に対する理解の重要性が理解できたことと思う。

6 メンタルヘルス事例に見る債務不履行と不法行為

(1) 債務不履行責任と不法行為責任

従業員が精神疾患であることが判明したものの、本人が休職を拒んでいるため様子を見ていたところ、いくらも経たないうちに自殺してしまった。

このような場合に、会社は民事上、どのような責任を問われる可能性があるのだろうか。それが、すでに学んだ①「債務不履行責任」と、②「不法行為責任」である。

① 債務不履行責任

債務不履行責任は、債務者が債権者に対して約束したとおりの債務を正当な理由なく履行しないこと、すなわち、債務の本旨に従って履行しないことであった。精神疾患の発症に業務起因性がある場合には、債務者である会社が債権者である労働者に対して、安全配慮義務を怠ったことによりその責任を問われる可能性がある。

使用者である会社は労働契約上、従業員の安全あるいは健康に配慮するという債務（安全配慮義務）を負っており、これが「債務の本旨」の内容をなすことになる。会社が安全配慮義務を履行せず、または不十分であった場合には、債務不履行となる。そして、そのことにより債権者に損害を与えた場合、損害賠償を支払う責任を負うのである。
労働契約においては、たとえ就業規則などに明文化していなくても、使用者が労働者に対して負う当然の義務として位置づけられている。
近年、こうした安全配慮義務が裁判で問われることが多いので、ここのところをしっかり押さえておきたい。

② 不法行為責任

次に不法行為だが、これは**民法第709条**に「故意又は過失によって他人の権利又は法律上保護される利益を侵害した者は、これによって生じた損害を賠償する責任を負う」との定めがある。

このうち「故意」とは、ある行為が意図的なものであることをいう。また、「過失」とは、誤りや失敗をいう。たとえば、憎い相手を殴ろうとして殴った場合は故意であり、殴る気はまったくなかったのに、ゴルフの素振りをしていたら歩いてきた人に気付かず、殴ってしまったというような場合が過失である。

さて、長時間の過重な労働により、うつ病を発病し、自殺をした事案の場合、会社の不法行為を問うことができるのかが問題とされる。

自殺という行為は、外形的には、うつ病患者が自らの自由意志で自死という選択をしたと考えられがちだか、近年、実は病気がさせる行為であることが臨床的にも広く知られるようになった。

そこで、うつ病に業務起因性があった場合、一定の要件を満たせば会社の故意・過失が存在し、労働者の自殺に関して会社の不法行為が成立するとされている。ひいては、自殺した労働者の遺族が、会社に損害賠償の支払いを主張できるということになる。

この一定の要件は、債務不履行を判断する際にもポイントとなるので、よく理解しておきたい。

③「結果予見の可能性」と「結果回避義務」

その一定の要件とは、**a「結果予見の可能性」**と、それを前提とした**b「結果回避義務」**である。結果の予見ができず、回避措置が講じられなかった場合は、会社に故意・過失が否定され、会社の不法行為は成立しない。また、結果の予見が可能であっても、現実問題として物理的に回避する策が講じられないような場合にも、会社の不法行為は成立しない。

ところで、責任が問われるとされる結果予見可能性は、「抽象的予見可能性」か、それとも「具体的予見可能性」か、といった問題がある。

「抽象的結果予見可能性」とは、たとえば、飛行機を空に飛ばせば、墜落するという可能性があるので、回避措置はどうすればよいかということになるのだが、飛行機の航路すべてに、墜落防止の防護ネットを張り巡らせることは不可能である。では、事故を回避できないのだから、不測の事態を回避するために、飛行機を飛ばさなければよい……という結論を導けるかという問題である。いまや、飛行機は人々の生活になくてはならない乗り物である。抽象的予見可能性が、不法行為や債務不履行を構成する要件であるとしたならば、航空会社は事故がこわくて飛行機を飛ばせなくなる。そこで、社会的な公共の利益と回避措置が比較衡量され、免責の幅を考えることになるのである。

また、雇用に関しても同じことがいえる。人を雇えば、労災が発生することは結果の予測がつく。そこですべての労災が発生しないようにするにはどうしたらいいかの議論になるわけだが、極論をいえば、人を雇わなければよいということになってしまう。これでは、社会が成り立たない、現実的ではないということになるのである。

したがって、ここでいう**a「結果予見の可能性」**とは、抽象的予見性を含まず、具体的な予見可能性の存在が要求されることになる。

精神疾患の従業員に対し、会社に求められる「結果予見の可能性」とは、長時間労働をしており、顧客のクレームに頭を悩ませている社員が、誰の目から見ても奇異な行動をしているといった場合に、これはうつ病の可能性があるぞと、労務管理をしている人なら誰でもが予測できる結果をいう。逆に、コンプライアンスに則った労務管理および衛生管理をしていた会社で、普段と様子がまったく変わらない従業員が突然自殺してしまった場合に、後日、この従業員は実際のところ、職務上の大きな悩みを抱えていたことが判明したような場合には、結果予見の可能性は否定される公算が高い。

次に、**b「結果回避義務」**であるが、これは、従業員がうつ病にかかっている可能性が高いと認識したら、会社が取るべき手段を講じなければならないという義務である。具体的には、労働者を専門医に受診させるとか、休職させるといった方法が考えられる。

したがって、本書の最初の事例のように、精神疾患の症状がある従業員に対し、会社は手をこまねいて何もせず、その結果、当該従業員を自殺させてしまったような場合には、a「結果予見の可能性」があったにもかかわらず、b「結果回避義務」を怠ったために自殺させてしまったと判断される可能性が高いといえる。

だからといって、予見可能であればすべての予見される結果を防ぐために、可能な限りあらゆる手段を講じ、未然に結果を回避することが会社の義務であり、それを怠った場合すべてに損害賠償責任を負わされたら、会社は安心して労働者を雇えなくなるだろう。

会社は、従業員の健康管理施設ではなく、こと精神疾患の従業員についていえば、社会復帰のためのリハビリ施設ではないからである。

したがって、a「結果予見の可能性」におけるb「結果回避義務」は、本来、会社が営利を追求する組織であることにも鑑み、社会通念上相当とされる限度で、つまり、一般人が「従業員の精神的な健康を守るためにその程度のことは使用者にやらせることが公平だ」

と考えられる程度のものに対して、責任を問われるものと解すべきである。

⑵ 業務上の負荷と個体側の事情の調整

さて、ここで、精神疾患を患ったことにより、当該従業員が自殺をしてしまった場合を考えてみる。具体的な予見可能性があり、かつ結果回避義務を尽くさなかったケースでは、会社は安全配慮義務違反を問われ、債務不履行あるいは不法行為を判断する際、過失があったとして、それを理由に、損害賠償の支払いを余儀なくされることがあることは前述したとおりである。

では、これらの要件が整えば、会社が全損害を負わなければならないかという問題がある。この点につき、従業員の個体側の資質にもともと精神疾患の要素がある場合にまで、会社に全責任を負わせるのは公平を失するとして、過失相殺により、割合認定を認めた判例がある。

みくまの農協（新宮農協）事件（和歌山地判 平14・2・19）では、組合に安全配慮義務違反及び不法行為上の過失は認められるが、精神疾患に罹患していたと認められる自殺以前に、家族からその旨の連絡がなされていれば、組合側も相応の対処ができたものと考えられると判示し、損害賠償の金額を7割減額している。

また、**三洋電機サービス事件（東京高判 平14・7・23）**でも、当該労働者本人の性格や因子からくる心因的要素の寄与や、会社への情報提供の不足を考慮し、**民法第722条**の過失相殺およびその類推適用によって、損害賠償から8割を減じている。

(3) 債務不履行と不法行為責任の関係

うつ病による社員の自殺について、債務不履行責任も不法行為責任も問えそうな場合はどうすれば良いのだろうか。詳細についてはすでに触れたが、結論的にはどちらの責任も追求できるので、どちらかを選んで請求しても構わないし、両方を請求しても構わない。実務的には、かつては不法行為責任を追求することが多かったのだが、判例が安全配慮義務を明確にしてからは債務不履行責任を主張する際に、あわせて不法行為責任も主張することが多くなった。

安全配慮義務というのは、債務不履行責任にも不法行為責任にも登場する言葉である。ただし、その内容が異なることに注意を要する。債務不履行における安全配慮義務とは、「ある法律関係に基づいて特別な社会的接触の関係」に入ったものに要求される義務であるのに対して、不法行為における安全配慮義務とは、社会における一般的な安全配慮義務にとどまるのである。その違いはまさに、「契約」という特別の信頼関係によって生まれるものであり、会社には従業員に対して、一般人に対する以上の配慮をしなければならないのである。

判例索引（時系列）

判例索引（時系列）

事項索引 50音順（あ〜け）

■著者紹介

河野順一（こうの じゅんいち）

社会保険労務士法人日本橋中央労務管理事務所代表社員、東京法令学院長、NPO法人個別労使紛争処理センター会長、社会保険労務士、行政書士。法務コンサルタントとして銀行など各企業を対象に、幅広く経営全般にかかる指導業務を行っている。また、複雑な法律問題を身近な事例に置き換えてやさしく解説する理論家として評判になり、法律解釈をテーマとした講演も行う。

現在、社会保険労務士を主な対象にした司法研修を全国各地で行い、好評を博している。「就業規則の作成セミナー」はつとに有名であり、3日間の集中講義を何度も聴講するリピーターが多い。

●主な著書

『労働基準監督機関の役割と是正勧告』、『知って得する憲法と行政法』、『心構えを変えれば道は拓ける』（以上、NC労務出版）、『どんとこい！ 労働基準監督署』（風詠社）、『労働基準監督署があなたの会社を狙っている』（LABO・弁護士会館ブックセンター出版部）、『ドキュメント社会保険労務士』、『社会保険労務士のための要件事実入門』（日本評論社）、『労働法を学ぶための「法学」講義』、『労働災害・通勤災害の認定の理論と実際』、『是正勧告の実務対策』、『労働法を学ぶための「要件事実」講義』（共著）（以上、中央経済社）、『労務トラブル50』（清文社）、『負けず嫌いの哲学』（実務教育出版）、『残業代支払い倒産から会社を守るならこの1冊』、『給与計算するならこの1冊』、『労働災害・通勤災害のことならこの1冊』、『労働法のことならこの1冊』（以上、自由国民社）、『不当な残業代支払い請求から会社を守る就業規則』、『時間外労働と残業代請求をめぐる諸問題』、『労務管理の理論と実際』、『労働法を理解するための基本三法（憲法、民法、刑法）』（以上、経営書院）ほか多数。

どんとこい 労働基準監督署 part3
知って得する民法

2021年12月1日　発行
著　者　河野順一
発　行　株式会社 日本橋中央労務管理事務所出版部
〒101-0062　東京都千代田区神田駿河台1-7-10
YK駿河台ビル5階
Tel：03（3292）0703
Fax：03（3292）0705
発　売　株式会社 星雲社（共同出版社・流通責任出版社）
〒112-0005 東京都文京区水道1-3-30
Tel：03 (3868) 3275
印刷・製本　株式会社 シナノ パブリッシング プレス

ISBN978-4-434-29797-7　C2032